Ein literarisches Stadtporträt von
Heinrich Heine

Berlin,

wo man am klügsten ist und die meisten Dummheiten begeht …

steffen verlag

Vorwort

Heinrich Heine muss Göttingen verlassen – wegen Verstoßes gegen das Keuschheitsgebot und die Duellgesetze. Ausgerechnet nach Berlin schickt Onkel Salomon den lebenstrunkenen Studiosus im März 1821. Gut zwei Jahre wird der gebürtige Rheinländer in Preußens Hauptstadt agieren – weniger an der Juristischen Fakultät der Universität als in Literarischen Salons und Zirkeln, Theatern und auf Bällen. Er wird seine ersten Bücher in der Maurerschen Buchhandlung und bei Dümmler veröffentlichen, mit Alexander von Humboldt, Chamisso oder Hegel zusammentreffen und »Briefe aus Berlin« schreiben, die Stadt, die er als Dichter, Satiriker und politischer Journalist wieder verlassen wird. Und Berlin ist die Stadt, in der Heinrich Heines Werk auf Beschluss des Deutschen Bundestags viele Jahre später verboten werden wird – 1835. Wer, wenn nicht Heine, wäre also prädestiniert, über Berlin zu referieren – und das selbstverständlich nicht ohne die ihm so typische Scharfzüngigkeit, mit seinem Witz, seiner Ironie: »Berlin, wo man am klügsten ist und die meisten Dummheiten begeht …«[1] Natürlich eckt Heine an, auch beim Zensor. Was der streicht, wird zu Zensurstrichen im Text. Eine erquickliche Lektüre über Berlin, seinen Hof und die Berliner – trotz Streichungen.

Briefe aus Berlin 1822

Seltsam! – Wenn ich der Dei von Tunis wäre,
Schlüg ich, bei so zweideut'gem Vorfall, Lärm.

Kleists Prinz v. Homburg.

Erster Brief

Berlin, den 26. Januar 1822.

Ihr sehr lieber Brief vom 5. d. M. hat mich mit der größten Freude erfüllt, da sich darin Ihr Wohlwollen gegen mich am unverkennbarsten aussprach. Es erquickt mir die Seele, wenn ich erfahre, daß so viele gute und wackere Menschen mit Interesse und Liebe meiner gedenken. Glauben Sie nur nicht, daß ich unseres Westfalens so bald vergessen hätte. Der September 1821 schwebt mir noch zu sehr im Gedächtnis. Die schönen Täler um Hagen, der freundliche Overweg in Unna, die angenehmen Tage in Hamm, der herrliche Fritz v. B., Sie, W., die Altertümer in Soest, selbst die Paderborner Heide, alles steht noch lebendig vor mir. Ich höre noch immer, wie die alten Eichenwälder mich umrauschen, wie jedes Blatt mir zuflüstert: »Hier wohnten die alten Sachsen, die am spätesten Glauben und Germanentum einbüßten.« Ich höre noch immer, wie ein uralter Stein mir zuruft: »Wandrer, steh, hier hat Armin den Varus geschlagen!« – Man muß zu Fuß, und zwar wie ich, in östreichischen Landwehrtagemärschen Westfalen durchwandern, wenn man den kräftigen Ernst, die biedere Ehrlichkeit und anspruchslose Tüchtigkeit seiner Bewohner kennen lernen will. – Es wird mir gewiß recht viel Vergnügen machen, wenn ich, wie Sie mir schreiben, durch Mitteilungen aus der Residenz mir so viele liebe Menschen verpflichte. Ich habe mir gleich bei Empfang Ihres Briefes Papier und Feder zurechtgelegt, und bin schon jetzt – im Schreiben.

An Notizen fehlt es nicht, und es ist nur die Aufgabe: Was soll ich nicht schreiben? d. h., was weiß das Publikum schon längst, was ist demselben ganz gleichgültig, und was darf es nicht wissen? Und dann ist die Aufgabe: Vielerlei zu schreiben, so wenig als möglich vom Theater und solchen Gegenständen, die in der Abendzeitung, im Morgenblatte, im Wiener Konversationsblatte usw. die gewöhnlichen Hebel der Korrespondenz sind und dort ihre ausführliche und systematische Darstellung finden. Den einen interessiert's, wenn ich erzähle: daß Jagor die Zahl genialer Erfindungen kürzlich durch sein Trüffeleis vermehrt hat; den andern interessiert die Nachricht, daß Spontini beim letzten Ordensfest Rock und Hosen trug von grünem Sammet mit goldenen Sternchen. Nur verlangen Sie von mir keine Systematik; das ist der Würgengel aller Korrespondenz. Ich spreche heute von den Redouten und den Kirchen, morgen von Savigny und den Possenreißern, die in seltsamen Aufzügen durch die Stadt ziehen, übermorgen von der Giustinianischen Galerie, und dann wieder von Savigny und den Possenreißern. Assoziation der Ideen soll immer vorwalten. Alle 4 oder 6 Wochen soll ein Brief folgen. Die zwei ersten werden unverhältnismäßig lang werden, da ich doch vorher das äußere und das innere Leben Berlins andeuten muß. Nur andeuten, nicht ausmalen. Aber womit fange ich an bei dieser Masse von Materialien? Hier hilft eine französische Regel: Commencez par le commencement.

Ich fange also mit der Stadt an und denke mir, ich sei wieder so eben an der Post auf der Königstraße abgestiegen, und lasse mir den leichten Koffer nach dem Schwarzen Adler auf der Poststraße tragen. Ich sehe Sie schon fragen: »Warum ist denn die Post nicht auf der Poststraße und der ›Schwarze Adler‹ auf der Königstraße?« Ein andermal beantworte ich diese Frage; aber jetzt will ich durch die Stadt laufen, und ich bitte Sie, mir Gesellschaft zu leisten. Folgen Sie mir nur ein paar Schritte, und wir sind schon auf einem sehr interessanten Platze. Wir stehen auf der Langen Brücke. Sie wundern sich: »Die ist aber nicht sehr lang?« Es ist Ironie, mein Lieber. Laßt uns hier einen Augenblick stehenbleiben und die große Statue des Großen Kurfürsten betrachten. Er sitzt stolz zu Pferde, und gefesselte Sklaven umgeben das Fußgestell. Es ist ein herrlicher Metallguß und unstreitig das größte Kunstwerk Berlins. Und ist ganz umsonst zu sehen, weil es mitten auf der Brücke steht. Es hat die meiste Ähnlichkeit mit der Statue des Kurfürsten Johann Wilhelm auf dem Markte zu Düsseldorf, nur daß hier in Berlin der Schwanz des Pferdes nicht so bedeutend dick ist. Aber ich sehe, Sie werden von allen Seiten gestoßen. Auf dieser Brücke ist ein ewiges Menschengedränge. Sehen Sie sich mal um. Welche große, herrliche Straße! Das ist eben die Königstraße, wo ein Kaufmannsmagazin ans andre grenzt, und die bunten, leuchtenden Warenausstellungen fast das Auge blenden. Laßt uns weitergehen, wir gelangen hier auf den Schloßplatz. Rechts das Schloß, ein hohes, großartiges Gebäude. Die Zeit hat es grau gefärbt und gab ihm ein düsteres, aber desto majestätischeres Ansehen. Links wieder zwei schöne Straßen, die Breitestraße und die Brüderstraße. Aber gerade vor uns ist die Stechbahn, eine Art Boulevard. Und hier wohnt Josty! – Ihr Götter des Olymps, wie würde ich euch euer Ambrosia verleiden, wenn ich die Süßigkeiten beschriebe, die dort aufgeschichtet stehen. Oh, kenntet ihr den Inhalt dieser Baisers! O Aphrodite, wärest du solchem Schaum entstiegen, du wärest noch viel süßer! Das Lokal ist zwar eng und dumpfig und wie eine Bierstube dekoriert. Doch das Gute wird immer den Sieg über das Schöne behaupten; zusammengedrängt wie die Bücklinge sitzen hier die Enkel der Brennen und schlürfen Creme und schnalzen vor Wonne, und lecken die Finger.

Fort, fort von hier!
Das Auge sieht die Türe offen,
Es schwelgt das Herz in Seligkeit.

Wir können durch das Schloß gehen und sind augenblicklich im Lustgarten. »Wo ist aber der Garten?«, fragen Sie. Ach Gott! merken Sie denn nicht, das ist wieder die Ironie. Es ist ein viereckiger Platz, der von einer Doppelreihe Pappeln eingeschlossen ist. Wir stoßen hier auf eine Marmorstatue, wobei eine Schildwache steht. Das ist der alte Dessauer. Er steht ganz in altpreußischer Uniform, durchaus nicht idealisiert, wie die Helden auf dem Wilhelmsplatze. Diese will ich Ihnen nächstens zeigen, es sind Keith, Zieten, Seidlitz, Schwerin und Winterfeldt, beide letztere in römischem Kostüm mit einer Allongeperücke. Hier stehen wir just vor der Domkirche, die ganz kürzlich von außen neu verziert wurde und auf beiden Seiten des großen Turms zwei neue Türmchen erhielt. Der große, oben gerundete Turm ist nicht übel. Aber die beiden jungen Türmchen machen eine höchst lächerliche Figur. Sehen aus wie Vogelkörbe. Man erzählt auch, der große Philolog W. sei vorigen Sommer mit dem hier durchreisenden Orientalisten H. spazierengegangen, und als letzterer, nach dem Dome zeigend, fragte: »Was bedeuten denn die beiden Vogelkörbe da oben?«, habe der gelehrte Witzbold geantwortet: »Hier werden Dompfaffen abgerichtet.« In zwei Nischen des Doms sollen die Statuen von Luther und

Melanchthon aufgestellt werden. – Wollen wir in den Dom hineingehen, um dort das wunderschöne Bild von Begasse [Begas] zu bewundern? Sie können sich dort auch erbauen an dem Prediger Theremin. Doch laßt uns draus bleiben, es wird auf die Paulusianer gestichelt. Das macht mir keinen Spaß. Betrachten Sie lieber gleich rechts neben dem Dom die vielbewegte Menschenmasse, die sich in einem viereckigen, eisenumgitterten Platz herumtreibt. Das ist die Börse. Dort schachern die Bekenner des Alten und des Neuen Testaments. Wir wollen ihnen nicht zu nahe kommen. O Gott, welche Gesichter! Habsucht in jeder Muskel. Wenn sie die Mäuler öffnen, glaub ich mich angeschrieen: »Gib mir all dein Geld!« Mögen schon viel zusammengescharrt haben. Die Reichsten sind gewiß die, auf deren fahlen Gesichtern die Unzufriedenheit und der Mißmut am tiefsten eingeprägt liegt. Wieviel glücklicher ist doch mancher arme Teufel, der nicht weiß, ob ein Louisd'or rund oder eckig ist. Mit Recht ist hier der Kaufmann wenig geachtet. Desto mehr sind es die Herren dort mit den großen Federhüten und den rotausgeschlagenen Röcken. Denn der Lustgarten ist auch der Platz, wo täglich die Parole ausgegeben und die Wachparade gemustert wird. Ich bin zwar kein sonderlicher Freund vom Militärwesen, doch muß ich gestehen, es ist mir immer ein freudiger Anblick, wenn ich im Lustgarten die preußischen Offiziere zusammenstehen sehe. Schöne, kräftige, rüstige, lebenslustige Menschen. Zwar hier und da sieht man ein aufgeblasenes, dummstolzes Aristokratengesicht aus der Menge hervorglotzen. Doch findet man beim größern Teile der hiesigen Offiziere, besonders bei den jüngern, eine Bescheidenheit und Anspruchslosigkeit, die man umso mehr bewundern muß, da, wie gesagt, der Militärstand der angesehenste in Berlin ist. Freilich der ehemalige schroffe Kastengeist desselben wurde schon dadurch sehr gemildert, daß jeder Preuße wenigstens ein Jahr Soldat sein muß, und vom Sohn des Königs bis zum Sohn des Schuhflickers keiner davon verschont bleibt. Letzteres ist gewiß sehr lästig und drückend, doch in mancher Hinsicht auch sehr heilsam. Unsere Jugend ist dadurch geschützt vor der Gefahr der Verweichlichung. In manchen Staaten hört man weniger klagen über das Drückende des Militärdienstes, weil man dort alle Last desselben auf den armen Landmann wirft, während der Adlige, der Gelehrte, der Reiche und, wie z. B. in Holstein der Fall ist, sogar jeder Bewohner einer Stadt von allem Militärdienste befreit ist. Wie würden alle Klagen über letztern bei uns verstummen, wenn unsere lautmauligen Spießbürger, unsere politisierenden Ladenschwengel, unsere genialen Auskultatoren, Büroschreiber, Poeten und Pflastertreter vom Dienste befreit würden. Sehen Sie dort, wie der Bauer exerziert? Er schultert, präsentiert und – schweigt.

Doch vorwärts! Wir müssen über die Brücke. Sie wundern sich über die vielen Baumaterialien, die hier herumliegen, und die vielen Arbeiter, die hier sich herumtreiben und schwatzen und Branntewein trinken und wenig tun. Hier nebenbei war sonst die Hundebrücke; der König ließ sie niederreißen, und läßt an ihrer Stelle eine prächtige Eisenbrücke verfertigen. Schon diesen Sommer hat die Arbeit angefangen, wird sich noch lange herumziehn, aber endlich wird ein prachtvolles Werk dastehen. Schauen Sie jetzt mal auf. In der Ferne sehen Sie schon die Linden!

Wirklich, ich kenne keinen imposantern Anblick, als, vor der Hundebrücke stehend, nach den Linden hinauf zu sehen. Rechts das hohe, prächtige Zeughaus, das neue Wachthaus, die Universität und Akademie. Links das königliche Palais, das Opernhaus, die Bibliothek usw. Hier drängt sich Prachtgebäude an Prachtgebäude. Überall verzierende Statuen; doch von schlechtem Stein und schlecht gemeißelt, außer die auf dem Zeughause. Hier stehn wir auf dem Schloßplatz, dem breitesten und größten Platze in Berlin. Das königliche Palais ist das schlichteste und unbedeutendste von allen diesen Gebäuden. Unser König wohnt hier, einfach und bürgerlich. Hut ab! Da fährt der König selbst vorbei. Es ist nicht der prächtige Sechsspänner; der gehört einem Gesandten. Nein, er sitzt in den schlechten Wagen mit zwei ordinären Pferden. Das Haupt bedeckt eine gewöhnliche Offiziersmütze, und die Glieder umhüllt ein grauer Regenmantel. Aber das Auge des Eingeweihten sieht den Purpur unter diesem Mantel und das Diadem unter dieser Mütze. Sehen Sie, wie der König jeden freundlich wiedergrüßt. Hören Sie! »Es ist ein schöner Mann«, flüstert dort die kleine Blondine. »Es war der beste Ehemann«, antwortet seufzend die ältere Freundin. »Ma foi«, brüllte der Husarenoffizier, »es ist der beste Reiter in unserer Armee.«

Wie gefällt Ihnen aber die Universität? Fürwahr, ein herrliches Gebäude! Nur schade, die wenigsten Hörsäle sind geräumig, die meisten düster und unfreundlich, und, was das Schlimmste ist, bei vielen gehen die Fenster nach der Straße, und da kann man schrägüber das Opernhaus bemerken. Wie muß der arme Bursche auf glühenden Kohlen sitzen, wenn die ledernen, und zwar nicht saffian- oder maroquin-ledernen, sondern schweinsledernen Witze eines langweiligen Dozenten ihm in die Ohren dröhnen, und seine Augen unterdessen auf der Straße schweifen und sich ergötzen an dem pittoresken Schauspiel der leuchtenden Equipagen, der vorüberziehenden Soldaten, der dahin hüpfenden Nymphen, und der bunten Menschenwoge, die sich nach dem Opernhause wälzt. Wie müssen dem armen Burschen die 16 Groschen in der Tasche brennen, wenn er denkt: Diese glücklichen Menschen sehen gleich die Eunike als Seraphim, oder die Milder als Iphegeneia. »Apollini et Musis« steht auf dem Opernhause, und der Musensohn sollte draus bleiben? – Aber sehen Sie, das Kollegium ist eben ausgegangen, und ein Schwarm Studenten schlendert nach den Linden. »Gehn denn so viele Philister ins Kollegium?«, fragen Sie. Still, still, das sind keine Philister. Der hohe Hut à la Bolivar und der Überrock à l'Anglaise machen noch lange nicht den Philister. Eben so wenig wie die rote Mütze und der Flausch den Burschen macht. Ganz im Kostüm des letztern geht hier mancher sentimentale Barbiergesell, mancher ehrgeizige Laufjunge und mancher hochherzige Schneider. Es ist dem anständigen Burschen zu verzeihen, wenn er mit solchen Herrn nicht gern verwechselt sein möchte. Kurländer sind wenige hier. Desto mehr Polen, über 70, die sich meistens burschikose tragen. Diese haben obige Verwechselung nicht zu befürchten. Man sieht's diesen Gesichtern gleich an, daß keine Schneiderseele unterm Flausche sitzt. Viele dieser Sarmaten könnten den Söhnen Hermann's und Thusnelda's als Muster von Liebenswürdigkeit und edelm Betragen dienen. Es ist wahr. Wenn man so viele Herrlichkeiten bei Fremden sieht, gehört wirklich eine ungeheure Dosis

Patriotismus dazu, sich noch immer einzubilden: das Vortrefflichste und Köstlichste, was die Erde trägt, sei ein – Deutscher! Zusammenleben ist wenig unter den hiesigen Studierenden. Die Landsmannschaften sind aufgehoben. Die Verbindung, die unter dem Namen »Arminia« aus alten Anhängern der Burschenschaft bestand, soll ebenfalls aufgelöst sein. Wenige Duelle fallen jetzt vor. Ein Duell ist kürzlich sehr unglücklich abgelaufen. Zwei Mediziner, Liebschütz und Febus, gerieten im Kollegium der Semiotik in einen unbedeutenden Streit, da beide gleichen Anspruch machten an den Sitz No. 4. Sie wußten nicht, daß es in diesem Auditorium zwei mit No. 4 bezeichnete Sitze gab; und beide hatten diese Nummer vom Professor erhalten. »Dummer Junge!«, rief der eine, und der leichte Wortwechsel war geendigt. Sie schlugen sich den andern Tag, und Liebschütz rannte sich den Schläger seines Gegners in den Leib. Er starb eine Viertelstunde darauf. Da er ein Jude war, wurde er von seinen akademischen Freunden nach dem jüdischen Gottesacker gebracht. Febus, ebenfalls ein Jude, hat die Flucht ergriffen, und – Aber ich sehe, Sie hören schon nicht mehr, was ich erzähle, und staunen die Linden an. Ja, das sind die berühmten Linden, wovon Sie so viel gehört haben. Mich durchschauert's, wenn ich denke, auf dieser Stelle hat vielleicht Lessing gestanden, unter diesen Bäumen war der Lieblingsspaziergang so vieler großer Männer, die in Berlin gelebt; hier ging der große Fritz, hier wandelte – Er! Aber ist die Gegenwart nicht auch herrlich? Es ist just zwölf, und die Spaziergangszeit der schönen Welt. Die geputzte Menge treibt sich die Linden auf und ab. Sehen Sie dort den Elegant mit zwölf bunten Westen? Hören Sie die tiefsinnigen Bemerkungen, die er seiner Donna zulispelt? Riechen Sie die köstlichen Pomaden und Essenzen, womit er parfümiert ist? Er fixiert Sie mit der Lorgnette, lächelt und kräuselt sich die Haare. Aber schauen Sie die schönen Damen! Welche Gestalten! Ich werde poetisch!

Ja, Freund, hier unter den Linden
Kannst du dein Herz erbaun,
Hier kannst du beisammen finden
Die allerschönsten Fraun.

Sie blühn so hold und minnig
Im farbigen Seidengewand;
Ein Dichter hat sie sinnig
Wandelnde Blumen genannt.

Welch schöne Federhüte!
Welch schöne Türkenschals!
Welch schöne Wangenblüte!
Welch schöner Schwanenhals!

Nein, diese dort ist ein wandelndes Paradies, ein wandelnder Himmel, eine wandelnde Seligkeit. Und diesen Schöps mit dem Schnauzbarte sieht sie so zärtlich an! Der Kerl gehört nicht zu den Leuten, die das Pulver erfunden haben, sondern zu denen, die es gebrauchen, d. h. er ist Militär. Sie wundern sich, daß alle Männer hier plötzlich stehen bleiben, mit der Hand in die Hosentasche greifen und in die Höhe schauen? Mein Lieber, wir stehen just vor der Akademieuhr, die am richtigsten geht von allen Uhren Berlin's, und jeder Vorübergehende verfehlt nicht, die seinige darnach zu richten. Es ist ein possierlicher Anblick, wenn man nicht weiß, daß dort eine Uhr steht. In diesem Gebäude ist auch die Singakademie.

Ein Billett kann ich Ihnen nicht verschaffen; der Vorsteher derselben, Professor Zelter, soll bei solchen Gelegenheiten nicht sonderlich zuvorkommend sein. Doch betrachten Sie die kleine Brünette, die Ihnen so vielverheißend zulächelt. Und einem solchen niedlichen Ding wollten Sie eine Art Hundezeichen umhängen lassen? Wie sie allerliebst das Lockenköpfchen schüttelt, mit den kleinen Füßchen trippelt, und wieder lächelnd die weißen Zähnchen zeigt. Sie muß es Ihnen angemerkt haben, daß Sie ein Fremder sind. Welch eine Menge besternter Herren! Welch eine Unzahl Orden! Wenn man sich einen Rock anmessen läßt, frägt der Schneider: »Mit oder ohne Einschnitt (für den Orden)?« Aber halt! Sehen Sie das Gebäude an der Ecke der Charlottenstraße? Das ist das *Café Royal!* Bitte, laßt uns hier einkehren, ich kann nicht gut vorbeigehen, ohne einen Augenblick hineinzusehen. Sie wollen nicht? Doch beim Umkehren müssen Sie mit hinein. Hier schrägüber sehen Sie das *Hôtel de Rome,* und hier wieder links das *Hôtel de Pétersbourg,* die zwei angesehensten Gasthöfe. Nahebei ist die Konditorei von Teichmann. Die gefüllten Bonbons sind hier die besten Berlin's; aber in den Kuchen ist zu viel Butter. Wenn Sie für 8 Groschen schlecht zu Mittag essen wollen, so gehen Sie in die Restauration neben Teichmann auf die erste Etage. Jetzt sehen Sie mal rechts und links. Das ist die große Friedrichstraße. Wenn man diese betrachtet, kann man sich die Idee der Unendlichkeit veranschaulichen. Laßt uns hier nicht zu lange stehen bleiben. Hier bekömmt man den Schnupfen. Es weht ein fataler Zugwind zwischen dem Hallischen und dem Oranienburger Tore. Hier links drängt sich wieder das Gute; hier wohnt Sala Tarone, hier ist das *Café de Commerce,* und hier wohnt – Jagor! Eine Sonne steht über diese Paradiesespforte. Treffendes Symbol! Welche Gefühle erregt diese Sonne in dem Magen eines Gourmands! Wiehert er nicht bei ihrem Anblick wie das Roß des Darius Hystaspis? Kniet nieder, ihr modernen Peruaner, hier wohnt – Jagor! Und dennoch diese Sonne ist nicht ohne Flecken. Wie zahlreich auch die seltenen Delikatessen sind, die hier auf der täglich neu gedruckten Karte angezeigt stehen, so ist die Bedienung doch oft sehr langsam, nicht selten ist der Braten alt und zähe, und die meisten Gerichte finde ich im *Café Royal* weit schmackhafter zubereitet. Aber der Wein? O, wer doch den Säckel des Fortunatus hätte! – Wollen Sie die Augen ergötzen, so betrachten Sie die Bilder, die hier im Glaskasten des Jagor'schen Parterre ausgestellt sind. Hier hängen nebeneinander die Schauspielerin Stich, der Theolog Neander und der Violinist Boucher. Wie die Holde lächelt! O sähen Sie sie als Julie, wenn sie dem Pilger Romeo den ersten Kuß erlaubt. Musik sind ihre Worte:

> Grace is in all her steps, heav'n in her eye,
> In every gesture dignity and love. *(Milton.)*

Wie sieht Neander wieder zerstreut aus! Er denkt gewiß an die Gnostiker, an Basilides, Valentinus, Bardesanes, Karpokrates und Markus. Boucher hat wirklich eine auffallende Ähnlichkeit mit dem Kaiser Napoleon. Er nennt sich Kosmopolit, Sokrates der Violinisten, scharrt ein rasendes Geld zusammen, und nennt Berlin aus Dankbarkeit *la Capitale de la Musique.* – Doch laßt uns schnell vorbeigehn; hier ist wieder eine Konditorei und hier wohnt Lebeufve, ein magnetischer Name. Betrachten Sie die schönen Gebäude, die auf beiden Seiten der Linden stehn. Hier wohnt die vornehmste Welt Berlin's. Laßt uns eilen. Das große Haus links ist die Konditorei von Fuchs. Wunderschön ist dort alles dekoriert, überall Spiegel, Blumen, Marzipanfiguren, Vergoldungen, kurz die ausgezeichnetste Eleganz. Aber alles, was man dort genießt, ist am schlechtesten und teuersten in Berlin. Unter den Konditorwaren ist wenig Auswahl, und das meiste ist alt. Ein paar alte verschimmelte Zeitschriften liegen auf dem Tische. Und das lange aufwartende Fräulein ist nicht mal hübsch. Laßt uns nicht zu Fuchs gehen. Ich esse keine Spiegel und seidene Gardinen, und wenn ich etwas für die Augen haben will, so gehe ich in Spontinis Cortez oder Olympia. – Hier rechts können Sie etwas Neues sehen. Hier werden Boulevards gebaut, wodurch die Wilhelmstraße mit der Letztenstraße in Verbindung gesetzt wird. Hier wollen wir stille stehn, und das Brandenburger Tor und die darauf stehende Viktoria betrachten. Ersteres wurde von Langhans nach den Propyläen zu Athen gebaut, und besteht aus einer Kolonnade von 12 großen dorischen Säulen. Die Göttin da oben wird Ihnen aus der neuesten Geschichte genugsam bekannt sein. Die gute Frau hat auch ihre Schicksale gehabt; man sieht's ihr nicht an, der mutigen Wagenlenkerin. Laßt uns durchs Tor gehen. Was Sie jetzt vor sich sehen, ist der berühmte Tiergarten, in der Mitte die breite Chaussee nach Charlottenburg. Auf beiden Seiten zwei kolossale Statuen, wovon die eine einen Apoll vorstellen möchte. Erzniederträchtige, verstümmelte Klötze. Man sollte sie herunterwerfen; denn es hat sich gewiß schon manche schwangere Berlinerin dran versehen. Daher die vielen scheußlichen Gesichter, denen wir unter den Linden begegnet. Die Polizei sollte sich drein mischen.

Jetzt laßt uns umkehren, ich habe Appetit, und sehne mich nach dem *Café Royal*. Wollen Sie fahren? Hier gleich am Tore stehen Droschken. So heißen unsere hiesigen Fiaker. Man zahlt 4 Groschen Kourant für eine Person und 6 Gr. K. für zwei Personen, und der Kutscher fährt wohin man will. Die Wagen sind alle gleich, und die Kutscher tragen alle graue Mäntel mit gelben Aufschlägen. Wenn man just pressiert ist, oder wenn es entsetzlich regnet, so ist keine einzige von allen Droschken aufzutreiben. Doch wenn es schönes Wetter ist, wie heute, oder wenn man sie nicht sonderlich nötig hat, sieht man die Droschken haufenweis beisammen stehen. Laßt uns einsteigen. Schnell, Kutscher. Wie das unter den Linden wogt! Wie mancher läuft da herum, der noch nicht weiß, wo er heut zu Mittag essen kann! Haben Sie die Idee eines Mittagessens begriffen, mein Lieber? Wer diese begriffen hat, der begreift auch das ganze Treiben der Menschen. Schnell, Kutscher! – Was halten Sie von der Unsterblichkeit der Seele? Wahrhaftig, es ist eine große Erfindung, eine weit größere als das Pulver. Was halten Sie von der Liebe? Schnell, Kutscher! Nicht wahr, es ist bloß das Gesetz der Attraktion. – Wie gefällt Ihnen Berlin? Finden Sie nicht, obschon die Stadt neu, schön und regelmäßig gebaut ist, so macht sie doch einen etwas nüchternen Eindruck. Die Frau von Staël bemerkt sehr scharfsinnig: *»Berlin, cette ville toute moderne, quelque belle qu'elle soit, ne fait pas une impression assez sérieuse; on n'y apperçoit point l'empreinte de l'histoire du pays, ni du caractère des habitants, et ces magnifiques demeures nouvellement construites ne semblent destinées qu'aux rassemblements commodes des* *plaisirs et de l'industrie.«* Herr von Pradt sagt noch etwas weit Pikanteres. – Aber Sie hören kein Wort wegen des Wagengerassels. Gut, wir sind am Ziel. Halt! Hier ist das *Café Royal.* Das freundliche Menschengesicht, das an der Türe steht, ist Beyermann. Das nenne ich einen Wirt! Kein kriechender Katzenbuckel, aber doch zuvorkommende Aufmerksamkeit; feines, gebildetes Betragen, aber doch unermüdlicher Diensteifer, kurz eine Prachtausgabe von Wirt. Laßt uns hineingehn. Ein schönes Lokal; vorn das splendideste Kaffeehaus Berlin's, hinten die schöne Restauration. Ein Versammlungsort eleganter, gebildeter Welt. Sie können hier oft die interessantesten Menschen sehen. Bemerken Sie dort den großen breitschultrigen Mann im schwarzen Oberrock? Das ist der berühmte Cosmeli, der heut in London ist und morgen in Ispahan. So stelle ich mir den Peter Schlemihl von Chamisso vor. Er hat eben ein Paradoxon auf der Zunge. Bemerken Sie den großen Mann mit der vornehmen Miene und der hohen Stirne? Das ist der Wolf, der den Homer zerrissen hat, und der deutsche Hexameter machen kann. Aber dort am Tisch das kleine bewegliche Männchen mit den ewig vibrierenden Gesichtsmuskeln, mit den possierlichen und doch unheimlichen Gesten? Das ist der Kammergerichtsrat Hoffmann, der den »Kater Murr« geschrieben, und die hohe feierliche Gestalt, die ihm gegenüber sitzt, ist der Baron von Lüttwitz, der in der Vossischen Zeitung die klassische Rezension des Katers geliefert hat. Bemerken Sie den Elegant, der sich so leicht bewegt, kurländisch lispelt, und sich jetzt wendet gegen den hohen, ernsthaften Mann im grünen Oberrock? Das ist der Baron von Schilling, der im Mindener Sonntagsblatte »die lieben Teutsenkel« so sehr touchiert hat.

Der Ernsthafte ist der Dichter Baron von Maltitz. Aber raten Sie mal, wer diese determinierte Figur ist, die am Kamine steht? Das ist Ihr Antagonist Hartmann vom Rheine; hart und ein Mann, und zwar aus einem einzigen Eisengusse. Aber was kümmern mich alle diese Herren, ich habe Hunger. *Garçon, la charte!* Betrachten Sie mal diese Menge herrlicher Gerichte. Wie die Namen derselben melodisch und schmelzend klingen, *as music on the waters!* Es sind geheime Zauberformeln, die uns das Geisterreich aufschließen. Und Champagner dabei! Erlauben Sie, daß ich eine Träne der Rührung weine. Doch Sie, Gefühlloser, haben gar keinen Sinn für alle diese Herrlichkeit, und wollen Neuigkeiten, armselige Stadtneuigkeiten. Sie sollen befriedigt werden. Mein lieber Herr Gans, was gibt es neues? Er schüttelt das graue ehrwürdige Haupt und zuckt mit den Achseln. Wir wollen uns an das kleine rotbäckige Männlein wenden; der Kerl hat immer die Taschen voll Neuigkeiten, und wenn er mal anfängt zu erzählen, so geht's wie ein Mühlrad. Was gibt's neues, mein lieber Herr Kammermusikus?

Gar nichts. Die neue Oper von Hellwig: »Die Bergknappen«, soll nicht sehr angesprochen haben. Spontini komponiert jetzt eine Oper, wozu ihm Koreff den Text geschrieben. Er soll aus der preußischen Geschichte sein. Auch erhalten wir bald Koreff's »Aucassin und Nicolette«, wozu Schneider die Musik setzt. Letztere wird erst noch etwas zusammengestrichen. Nach Karneval erwartet man auch Bernhard Klein's »Dido«, eine heroische Oper. Die Bohrer und Boucher haben wieder Konzerte angekündigt. Wenn der Freischütz gegeben wird, ist es noch immer schwer,

Billette zu erhalten. Der Bassist Fischer ist hier, wird nicht auftreten, singt aber viel in Gesellschaften. Graf Brühl ist noch immer sehr krank; er hat sich das Schlüsselbein zerbrochen. Wir fürchteten schon, ihn zu verlieren, und noch so ein Theaterintendant, der Enthusiast ist für deutsche Kunst und Art, wäre nicht leicht zu finden gewesen. Der Tänzer Antonini war hier, verlangte 100 Louisd'or für jeden Abend, welche ihm aber nicht bewilligt wurden. Adam Müller, der Politiker, war ebenfalls hier; auch der Tragödienverfertiger Houwald. Madame Woltmann ist wahrscheinlich noch hier; sie schreibt Memoiren. An den Reliefs zu Blücher's und Scharnhorst's Statuen wird bei Rauch immer noch gearbeitet. Die Opern, die im Karneval gegeben werden, stehn in der Zeitung verzeichnet. Doktor Kuhn's Tragödie: »Die Damaszener« wird noch diesen Winter gegeben. Wach ist mit einem Altarblatt beschäftigt, das unser König der Siegeskirche in Moskau schenken wird. Die Stich ist längst aus den Wochen und wird morgen wieder in »Romeo und Julie« auftreten. Die Karoline Fouqué hat einen Roman in Briefen herausgegeben, wozu sie die Briefe des Helden und der

Prinz Karl von Mecklenburg die der Dame schrieb. Der Staatskanzler erholt sich von seiner Krankheit. Rust behandelt ihn. Doktor Bopp ist hier angestellt als Professor der orientalischen Sprachen, und hat vor einem großen Auditorium seine erste Vorlesung über das Sanskrit gehalten. Vom Brockhausischen Konversationsblatte werden hier noch dann und wann Blätter konfisziert. Von Görres' neuester Schrift: »In Sachen der Rheinlande usw usw.« spricht man gar nichts; man hat fast keine Notiz davon genommen. Der Junge, der seine Mutter mit dem Hammer totgeschlagen hat, war wahnsinnig. Die mystischen Umtriebe in Hinterpommern machen großes Aufsehn. Hoffmann gibt jetzt bei Willmanns in Frankfurt, unter dem Titel: »Der Floh«, einen Roman heraus, der sehr viele politische Sticheleien enthalten soll. Professor Gubitz beschäftigt sich noch immer mit Übersetzungen aus dem Neugriechischen, und schneidet jetzt Vignetten zu dem »Feldzug Suwarow's gegen die Türken«, ein Werk, welches der Kaiser Alexander als Volksbuch für die Russen drucken läßt. Bei Christiani hat C. L. Blum eben herausgegeben: »Klagelieder der Griechen«, die viel Poesie enthalten. Der Künstlerverein in der Akademie ist sehr glänzend ausgefallen, und die Einnahme zu einem wohltätigen Zwecke verwendet worden. Der Hofschauspieler Walter aus Karlsruhe ist eben angekommen, und wird in »Staberle's Reiseabenteuer« auftreten. Die Neumann soll im März wieder herkommen, und die Stich alsdann auf Reisen gehen. Julius von Voß hat wieder ein Stück geschrieben: »Der neue Markt«. Sein Lustspiel: »Quintin Messys« wird nächste Woche gegeben. Heinrich von Kleist's »Prinz von Homburg« wird nicht gegeben werden. An Grillparzer ist das Manuskript seiner Trilogie: »Die Argonauten«, welches er unserer Intendanz geschickt hatte, wieder zurück gesandt worden. Markör, ein Glas Wasser! Nicht wahr, der Kammermusikus der weiß Neuigkeiten! An den wollen wir uns halten. Er soll Westfalen mit Neuigkeiten versorgen, und was er nicht weiß, das braucht auch Westfalen nicht zu wissen. Er gehört zu keiner Partei, zu keiner Schule, ist weder ein Liberaler noch ein Romantiker, und wenn er etwas Medisantes sagt, so ist er so unschuldig dabei wie das unglückselige Rohr, dem der Wind die Worte entlockte: »König Midas hat Eselsohren!«

Zweiter Brief

Berlin, den 16. März 1822.[3]

Ihr sehr wertes Schreiben vom 2. Februar habe ich richtig erhalten, und ersah daraus mit Vergnügen, daß mein erster Brief Ihren Beifall hat. Ihr leise angedeuteter Wunsch, bestimmte Persönlichkeiten nicht zu sehr hervortreten zu lassen, soll in etwa erfüllt werden. Es ist wahr, man kann mich leicht mißverstehen. Die Leute betrachten nicht das Gemälde, das ich leicht hinskizziere, sondern die Figürchen, die ich hineingezeichnet, um es zu beleben, und glauben vielleicht gar, daß es mir um diese Figürchen besonders zu tun war. Aber man kann auch Gemälde ohne Figuren malen, so wie man Suppe ohne Salz essen kann. Man kann verblümt sprechen, wie unsere Zeitungsschreiber. Wenn sie von einer großen norddeutschen Macht reden, so weiß jeder, daß sie Preußen meinen. Das finde ich lächerlich. Es kommt mir vor, als wenn die Masken im Redoutensaale ohne Gesichtslarven herumgingen. Wenn ich von einem großen norddeutschen Juristen spreche, der das schwarze Haar so lang als möglich von der Schulter herabwallen läßt, mit frommen Liebesaugen gen Himmel schaut, einem Christusbilde ähnlich sehen möchte, übrigens einen französischen Namen trägt, von französischer Abstammung ist, und doch gar gewaltig deutsch tut, so wissen die Leute, wen ich meine. Ich werde alles bei seinem Namen nennen; ich denke darüber wie Boileau. Ich werde auch manche Persönlichkeit schildern; ich kümmre mich wenig um den Tadel jener Leutchen, die sich im Lehnstuhl der Konvenienz-Korrespondenz behaglich schaukeln, und jederzeit liebreich ermahnen: »Lobt uns, aber sagt nicht, wie wir aussehn.«

Ich habe es längst gewußt, daß eine Stadt wie ein junges Mädchen ist, und ihr holdes Angesicht gern wieder sieht im Spiegel fremder Korrespondenz. Aber nie hätte ich gedacht, daß Berlin bei einem solchen Bespiegeln sich wie ein altes Weib, wie eine echte Klatschlise, gebärden würde. Ich machte bei dieser Gelegenheit die Bemerkung: Berlin ist ein großes Krähwinkel.

Ich bin heute sehr verdrießlich, mürrisch, ärgerlich, reizbar; der Mißmut hat der Phantasie den Hemmschuh angelegt, und sämtliche Witze tragen schwarze Trauerflöre. Glauben Sie nicht, daß etwa eine Weiberuntreue die Ursache sei. Ich liebe die Weiber noch immer; als ich in Göttingen von allem weiblichen Umgange abgeschlossen war, schaffte ich mir wenigstens eine Katze an; aber weibliche Untreue könnte nur noch auf meine Lachmuskeln wirken. Glauben Sie nicht, daß etwa meine Eitelkeit schmerzlich beleidigt worden sei; die Zeit ist vorbei, wo ich des Abends meine Haare mühsam in Papilloten zu drehen pflegte, einen Spiegel beständig in der Tasche trug, und mich 25 Stunden des Tages mit dem Knüpfen der Halsbinde beschäftigte. Denken Sie auch nicht, daß vielleicht Glaubensskrupel mein zartes Gemüt quälend beunruhigten; ich glaube jetzt nur noch an den pythagoräischen Lehrsatz und ans königl. preuß. Landrecht. Nein, eine weit vernünftigere Ursache bewirkt meine Betrübnis: mein köstlichster Freund, der liebenswürdigste der Sterblichen, Eugen von B., ist vorgestern abgereist! Das war der einzigste Mensch, in dessen Gesellschaft ich mich nicht langweilte, der einzige, dessen originelle Witze mich zur Lebenslustigkeit aufzuheitern vermochten, und in dessen süßen, edeln

Gesichtszügen ich deutlich sehen konnte, wie einst meine Seele aussah, als ich noch ein schönes, reines Blumenleben führte und mich noch nicht befleckt hatte mit dem Haß und mit der Lüge.

Doch Schmerz beiseite; ich muß jetzt davon sprechen, was die Leute singen und sagen bei uns an der Spree. Was sie klüngeln und was sie züngeln, was sie kichern und was sie klatschen, alles sollen Sie hören, mein Lieber.

Boucher, der längst sein aller – aller – allerletztes Konzert gegeben, und jetzt vielleicht Warschau oder Petersburg mit seinen Kunststücken auf der Violine entzückt, hat wirklich Recht, wenn er Berlin *la capitale de la musique* nennt. Es ist hier den ganzen Winter hindurch ein Singen und Klingen gewesen, daß einem fast Hören und Sehen vergeht. Ein Konzert trat dem andern auf die Ferse.

Wer nennt die Fiedler, nennt die Namen,
Die gastlich hier zusammenkamen,

– – – – – – – – – – – – –

Selbst von Hispanien kamen sie,
Und spielten auf dem Schaugerüste
Gar manche schlechte Melodie.

Der Spanier war Escudero, ein Schüler Baillot's, ein wackerer Violinspieler, jung, blühend, hübsch, und dennoch kein Protegé der Damen. Ein ominöses Gerücht ging ihm voran, als habe das italienische Messer ihn unfähig gemacht, dem schönen Geschlechte gefährlich zu sein. Ich will Sie nicht ermüden mit dem Aufzählen aller jener musikalischen Abendunterhaltungen, die uns diesen Winter entzückten und langweilten. Ich will nur erwähnen, daß das Konzert der Seidler drückend voll war, und daß wir jetzt auf Drouet's Konzert gespannt sind, weil der junge Mendelssohn darin zum ersten Male öffentlich spielen wird. – Haben Sie noch nicht Maria von Webers »Freischütz« gehört? Nein? Unglücklicher Mann! Aber haben Sie nicht wenigstens aus dieser Oper »das Lied der Brautjungfern« oder (kurzweg) »den Jungfernkranz« gehört? Nein? Glücklicher Mann!

Wenn Sie vom Hallischen nach dem Oranienburger Tore, und vom Brandenburger nach dem Königstore, ja selbst, wenn Sie vom Unterbaum nach dem Köpenicker Tore gehen, hören Sie jetzt immer und ewig dieselbe Melodie, das Lied aller Lieder: – »den Jungfernkranz«.

Wie man in den Goethe'schen Elegien den armen Briten von dem »Marlborough s'en va-t-en guerre« durch alle Länder verfolgt sieht, so werde auch ich von morgens früh bis spät in die Nacht verfolgt durch das Lied:

Wir winden dir den Jungfernkranz
Mit veilchenblauer Seide;
Wir führen dich zu Spiel und Tanz,
Zu Lust und Hochzeitsfreude.

Chor:
Schöner, schöner, schöner,
grüner Jungfernkranz,
Mit veilchenblauer Seide,
mit veilchenblauer Seide!

Lavendel, Myrt' und Thymian,
Das wächst in meinem Garten;
Wie lange bleibt der Freiersmann?
Ich kann ihn kaum erwarten!

Chor:
Schöner, schöner, schöner usw.

Bin ich mit noch so guter Laune des Morgens aufgestanden, so wird doch gleich alle meine Heiterkeit fortgeärgert, wenn schon früh die Schuljugend, den »Jungfernkranz« zwitschernd, an meinem Fenster vorbeizieht. Es dauert keine Stunde, und die Tochter meiner Wirtin steht auf mit ihrem »Jungfernkranz«. Ich höre meinen Barbier »den Jungfernkranz« die Treppe heraufsingen. Die kleine Wäscherin kommt »mit Lavendel, Myrt' und Thymian«. So geht's fort. Mein Kopf dröhnt. Ich kann's nicht aushalten, eile aus dem Hause, und werfe mich mit meinem Ärger in eine Droschke. Gut, daß ich durch das Rädergerassel nicht singen höre. Bei ***li steig' ich ab. »Ist's Fräulein zu sprechen?« Der Diener läuft. »Ja.« Die Türe fliegt auf. Die Holde sitzt am Pianoforte, und empfängt mich mit einem süßen:

»Wo bleibt der schmucke Freiersmann?
Ich kann ihn kaum erwarten.« –

»Sie singen wie ein Engel!«, ruf ich mit krampfhafter Freundlichkeit. »Ich will noch mal von vorne anfangen«, lispelt die Gütige, und sie windet wieder ihren »Jungfernkranz«, und windet, und windet, bis ich selbst vor unsäglichen Qualen wie ein Wurm mich winde, bis ich vor Seelenangst ausrufe: »Hilf, Samiel!«

Sie müssen wissen, so heißt der böse Feind im »Freischützen«; der Jäger Kaspar, der sich ihm ergeben hat, ruft in jeder Not: »Hilf, Samiel!« Es wurde hier Mode, in komischer Bedrängnis diesen Ausruf zu gebrauchen, und Boucher, der sich den Sokrates der Violinisten nennt, hat einst sogar im Konzerte, als ihm eine Violinsaite sprang, laut ausgerufen: »Hilf, Samiel!«

Und Samiel hilft. Die bestürzte Donna hält plötzlich ein mit dem rädernden Gesange, und lispelt: »Was fehlt Ihnen?« »Es ist pures Entzücken«, ächze ich mit forciertem Lächeln. »Sie sind krank«, lispelt sie, »gehen Sie nach dem Tiergarten, genießen Sie das schene Wetter und beschauen Sie die schene Welt.« Ich greife nach Hut und Stock, küsse der Gnädigen die gnädige Hand, werfe ihr noch einen schmachtenden Passionsblick zu, stürze zur Tür hinaus, steige wieder in die erste, beste Droschke, und rolle nach dem Brandenburger Tore. Ich steige aus und laufe hinein in den Tiergarten.

Ich rate Ihnen, wenn Sie mal her kommen, so versäumen Sie nicht, an solchen schönen Vorfrühlingstagen um diese Zeit, um halb eins, in den Tiergarten zu gehen.

Gehen Sie links hinein, und eilen Sie nach der Gegend, wo unserer seligen Luise von den Einwohnerinnen des Tiergartens ein kleines, einfaches Monument gesetzt ist. Dort pflegt unser König oft spazieren zu gehen. Es ist eine schöne, edle, ehrfurchtgebietende Gestalt, die allen äußeren Prunk verschmäht. Er trägt fast immer einen scheinlos grauen Mantel, und einem Tölpel habe ich weisgemacht, der König müsse sich oft mit dieser Kleidung etwas behelfen, weil sein Garderobemeister außer Landes wohnt und nur selten nach Berlin kommt. Die schönen Königskinder sieht man ebenfalls zu dieser Zeit im Tiergarten, so wie auch den ganzen Hof und die allernobelste Noblesse. Die fremdartigen Gesichter sind Familien auswärtiger Gesandten. Ein oder zwei Livreebediente folgen den edeln Damen in einiger Entfernung. Offiziere auf den schönsten Pferden galoppieren vorbei. Ich habe selten schönere Pferde gesehen, als hier in Berlin. Ich weide meine Augen an dem Anblick der herrlichen Reitergestalten. Die Prinzen unseres Hauses sind darunter. Welch ein schönes, kräftiges Fürstengeschlecht! An diesem Stamme ist kein mißgestalteter, verwahrloster Ast. In freudiger Lebensfülle, Mut und Hoheit auf den edeln Gesichtern, reiten dort die zwei ältern Königssöhne vorbei. Jene schöne, jugendliche Gestalt, mit frommen Gesichtszügen und liebeklaren Augen, ist der dritte Sohn des Königs, Prinz Karl. Aber jenes leuchtende, majestätische Frauenbild, das mit einem buntglänzenden Gefolge auf hohem Rosse vorbeifliegt, das ist unsre – Alexandrine. Im braunen, fest anliegenden Reitkleide, ein runder Hut mit Federn auf dem Haupte, und eine Gerte in der Hand, gleicht sie jenen ritterlichen Frauengestalten, die uns aus dem Zauberspiegel alter Märchen so lieblich entgegenleuchten, und wovon wir nicht entscheiden können, ob sie Heiligenbilder sind oder Amazonen. Ich glaube, der Anblick dieser reinen Züge hat mich besser gemacht; andächtige Gefühle durchschauern mich, ich höre Engelstimmen, unsichtbare Friedenspalmen fächeln, in meine Seele steigt ein großer Hymnus – da erklirren plötzlich schnurrende Harfensaiten, und eine Alteweiberstimme quäkt: »Wir winden dir den Jungfernkranz usw.«

Und nun verläßt mich das vermaledeite Lied den ganzen Tag nicht. Die schönsten Momente verbittert es mir. Sogar wenn ich bei Tisch sitze, wird es mir vom Sänger Heinsius als Dessert vorgedudelt. Den ganzen Nachmittag werde ich mit »veilchenblauer Seide« gewürgt. Dort wird der Jungfernkranz von einem Lahmen abgeorgelt, hier wird er von einem Blinden heruntergefiedelt. Am Abend geht der Spuk erst recht los. Das ist ein Flöten und ein Grölen und ein Fistulieren und ein Gurgeln, und immer die alte Melodie. Das Kasparlied und der Jägerchor wird wohl dann und wann von einem illuminierten Studenten oder Fähndrich zur Abwechselung in das Gesumme hineingebrüllt, aber der »Jungfernkranz« ist permanent; wenn der eine ihn beendigt hat, fängt ihn der andre wieder von vorn an; aus allen Häusern klingt er mir entgegen; jeder pfeift ihn mit eigenen Variationen; ja, ich glaube fast, die Hunde auf der Straße bellen ihn.

Wie ein zu Tode gehetzter Rehbock lege ich abends mein Haupt auf den Schoß der schönsten

Borussin; sie streichelt mir zärtlich das borstige Haar, lispelt mir ins Ohr: »Ich liebe dir, und deine Lawise wird dich ooch immer jut sind«, und sie streichelt und hätschelt so lange, bis sie glaubt, daß ich am Einschlummern sei, und sie ergreift leise »die Katharre« und spielt und singt »die Krawatte« aus Tankred: »Nach so viel' Leiden«, und ich ruhe aus nach so viel Leiden, und liebe Bilder und Töne umgaukeln mich, – da weckt's mich wieder gewaltsam aus meinen Träumen, und die Unglückselige singt: »Wir winden dir den Jungfernkranz –«

In wahnsinniger Verzweiflung reiße ich mich los aus der lieblichsten Umarmung, eile die enge Treppe hinunter, fliege wie ein Sturmwind nach Hause, werfe mich knirschend ins Bett, höre noch die alte Köchin mit ihrem Jungfernkranze herumtrippeln, und hülle mich tiefer in die Decke.

Sie begreifen jetzt, mein Lieber, warum ich Sie einen glücklichen Mann nannte, wenn Sie jenes Lied noch nicht gehört haben. Doch glauben Sie nicht, daß die Melodie desselben wirklich schlecht sei. Im Gegenteil, sie hat eben durch ihre Vortrefflichkeit jene Popularität erlangt. *Mais toujours perdrix!* Sie verstehen mich. Der ganze »Freischütz« ist vortrefflich, und verdient gewiß jenes Interesse, womit er jetzt in ganz Deutschland aufgenommen wird. Hier ist er jetzt vielleicht schon zum dreißigsten Male gegeben, und noch immer wird es erstaunlich schwer, zu einer Vorstellung desselben gute Billette zu bekommen. In Wien, Dresden, Hamburg macht er ebenfalls Furore. Dieses beweist hinlänglich, daß man unrecht hatte, zu glauben: als ob diese Oper hier nur durch die antispontinische Partei gehoben worden sei. Antispontinische Partei? Ich sehe, der Ausdruck befremdet Sie. Glauben Sie nicht, diese sei eine politische. Der heftige Parteikampf von Liberalen und Ultras, wie wir ihn in andern Hauptstädten sehen, kann bei uns nicht zum Durchbruch kommen, weil die königliche Macht, kräftig und parteilos schlichtend, in der Mitte steht. Aber dafür sehen wir in Berlin oft einen ergötzlicheren Parteikampf, den in der Musik. Wären Sie Ende des vorigen Sommers hier gewesen, hätten Sie es sich in der Gegenwart veranschaulichen können, wie einst in Paris der Streit der Gluckisten und Pieeinisten ungefähr ausgesehen haben mag. – Aber ich sehe, ich muss hier etwas ausführlicher von der hiesigen Oper sprechen; erstens, weil sie doch in Berlin ein Hauptgegenstand der Unterhaltung ist, und zweitens, weil Sie ohne nachfolgende Bemerkungen den Geist mancher Notizen gar nicht fassen können. Von unsern Sängerinnen und Sängern will ich hier gar nicht sprechen. Ihre Apologien sind stereotyp in allen Berliner Korrespondenzartikeln und Zeitungsrezensionen; täglich liest man: die Milder-Hauptmann ist unübertrefflich, die Schulz ist vortrefflich, und die Seidler ist trefflich. Genug, es ist unbestritten, daß man die Oper hier auf eine erstaunliche Kunsthöhe gebracht hat, und daß sie keiner andern deutschen Oper nachzustehen braucht. Ob Dieses durch die emsige Wirksamkeit des verstorbenen Weber's geschehen ist, oder ob Ritter Spontini, nach dem Ausspruch seiner Anhänger, wie mit dem Schlag einer Zauberrute alle diese Herrlichkeit ins Leben hervorgerufen habe, wage ich sehr zu bezweifeln. Ich wage sogar zu glauben, dass die Leitung des großen Ritters auf einige Theile der Oper höchst nachtheilig gewirkt habe. Aber ich behaupte durchaus, daß seit der völligen Trennung der Oper vom Schauspiele und

Spontini's unumschränkter Beherrschung derselben diese täglich mehr und mehr Schaden erleiden muß durch die natürliche Vorliebe des großen Ritters für seine eignen großen Produkte und die Produkte verwandter oder befreundeter Genies, und durch seine eben so natürliche Abneigung gegen die Musik solcher Komponisten, deren Geist den seinigen nicht anspricht oder dem seinigen nicht huldigt, oder gar – horribile dictu – mit dem seinigen wetteifert.

Ich bin zu sehr Laie im Gebiete der Tonkunst, als daß ich mein eignes Urteil über den Wert der Spontini'schen Kompositionen aussprechen dürfte, und alles, was ich hier sage, sind bloß fremde Stimmen, die im Gewoge des Tagesgesprächs besonders hörbar sind.

»Spontini ist der größte aller lebenden Komponisten. Er ist ein musikalischer Michael Angelo. Er hat in der Musik neue Bahnen gebrochen. Er hat ausgeführt, was Gluck nur geahnet. Er ist ein großer Mann, er ist ein Genie, er ist ein Gott!« So spricht die Spontinische Partei, und die Wände der Paläste schallen wider von dem unmäßigen Lobe. – Sie müssen nämlich wissen, es ist die

Noblesse, die besonders von Spontinis Musik angesprochen wird und demselben ausgezeichnete Zeichen ihrer Gunst angedeihen läßt. An diese edlen Gönner lehnt sich die wirkliche Spontinische Partei, die natürlicherweise aus einer Menge Menschen besteht, die dem vornehmen und legitimen Geschmacke blindlings huldigt, aus einer Menge Enthusiasten für das Ausländische, aus einigen Komponisten, die ihre Musik gern auf die Bühne brächten, und endlich aus einer Handvoll wirklicher Verehrer.

Woraus ein Teil der Gegenpartei besteht, ist wohl leicht zu erraten. Viele sind auch dem guten Ritter gram, weil er ein Welscher ist. Andre, weil sie ihn beneiden. Wieder andre, weil seine Musik nicht deutsch ist. Aber endlich der größte Teil sieht in seiner Musik nur Pauken- und Trompetenspektakel, schallenden Bombast und gespreizte Unnatur. Hierzu kam noch der Unwille vieler – – – – – – –

Jetzt, mein Lieber, können Sie sich den Lärm erklären, der diesen Sommer ganz Berlin erfüllte, als Spontini's »Olympia« auf unsrer Bühne zuerst erschien. Haben Sie die Musik dieser Oper nicht in Hamm hören können? An Pauken und Posaunen war kein Mangel, so daß ein Witzling den Vorschlag machte, im neuen Schauspielhause die Haltbarkeit der Mauern durch die Musik dieser Oper zu probieren. Ein anderer Witzling kam eben aus der brausenden »Olympia«, hörte auf der Straße den Zapfenstreich trommeln, und rief, atemschöpfend: »Endlich hört man doch sanfte Musik!« Ganz Berlin witzelte über die vielen Posaunen und über den großen Elefanten in den Prachtaufzügen dieser Oper. Die Tauben aber waren ganz entzückt von so vieler Herrlichkeit, und versicherten, daß sie diese schöne dicke Musik mit den Händen fühlen konnten. Die Enthusiasten aber riefen: »Hosianna! Spontini ist selbst ein musikalischer Elefant! Er ist ein Posaunenengel!«

Kurz darauf kam Karl Maria von Weber nach Berlin, sein »Freischütz« wurde im neuen Theater aufgeführt und entzückte das Publikum. Jetzt hatte die antispontinische Partei einen festen Punkt, und am Abend der ersten Vorstellung seiner Oper wurde Weber aufs herrlichste gefeiert. In einem recht schönen Gedichte, das den Doktor Förster zum Verfasser hatte, hieß es vom Freischützen: »er jage nach edlerm Wilde, als nach Elefanten.« Weber ließ sich über diesen Ausdruck den andern Tag im Intelligenzblatte sehr kläglich vernehmen, und kajolierte Spontini und blamierte den armen Förster, der es doch so gut gemeint hatte. Weber hegte damals die Hoffnung, hier bei der Oper angestellt zu werden, und würde sich nicht so unmäßig bescheiden gebärdet haben, wenn ihm schon damals alle Hoffnung des Hierbleibens abgeschnitten gewesen wäre. Weber verließ uns nach der dritten Vorstellung seiner Oper, reiste nach Dresden zurück, erhielt dort einen glänzenden Ruf nach Kassel, wies ihn zurück, dirigierte wieder vor wie nach die Dresdner Oper, wird dort einem guten General ohne Soldaten verglichen, und ist jetzt nach Wien gereist, wo eine neue komische Oper von ihm gegeben werden soll. – Über den Wert des Textes und der Musik des »Freischützen« verweise ich Sie auf die große Rezension desselben vom Professor Gubitz im »Gesellschafter«. Dieser geistreiche und scharfsinnige Kritiker hat das Verdienst, daß er der erste war, der die romantischen Schönheiten dieser Oper ausführlich entwickelte und ihre großen Triumphe am bestimmtesten voraussagte.

Weber's Äußere ist nicht sehr ansprechend. Kleine Statur, ein schlechtes Untergestell und ein langes Gesicht ohne sonderlich angenehme Züge. Aber auf diesem Gesichte liegt ganz verbreitet der sinnige Ernst, die bestimmte Sicherheit und das ruhige Wollen, das uns so bedeutsam anzieht in den Gesichtern altdeutscher Meister. Wie kontrastiert dagegen das Äußere Spontini's! Die hohe Gestalt, das tiefliegende dunkle Flammenauge, die pechschwarzen Locken, von welchen die gefurchte Stirne zur Hälfte bedeckt wird, der halb wehmütige, halb stolze Zug um die Lippen, die brütende Wildheit dieses gelblichen Gesichtes, worin alle Leidenschaften getobt haben und noch toben, der ganze Kopf, der einem Kalabresen zu gehören scheint, und der dennoch schön und edel genannt werden muß: – Alles läßt uns gleich den Mann erkennen, aus dessen Geiste die »Vestalin«, »Cortez« und »Olympia« hervorgingen.

Von den hiesigen Komponisten erwähne ich gleich nach Spontini unsern Bernhard Klein, der sich schon längst durch einige schöne Kompositionen rühmlichst bekannt gemacht hat, und dessen große Oper »Dido« vom ganzen Publikum mit

Sehnsucht erwartet wird. Diese Oper soll, nach dem Ausspruche aller Kenner, denen der Komponist einiges daraus mitteilte, die wunderbarsten Schönheiten enthalten, und ein geniales, deutsches Nationalwerk sein. Klein's Musik ist ganz originell. Sie ist ganz verschieden von der Musik der oben besprochenen zwei Meister, sowie neben den Gesichtern derselben das heitere, angenehme, lebenslustige Gesicht des gemütlichen Rheinländers einen auffallenden Kontrast bildet. Klein ist ein Kölner, und kann als der Stolz seiner Vaterstadt betrachtet werden.

G. A. Schneider darf ich hier nicht übergehn. Nicht als ob ich ihn für einen so großen Komponisten hielte, sondern weil er als Komponist von Koreff's »Aucassin und Nicolette« vom 26. Februar bis auf diese Stunde ein Gegenstand des öffentlichen Gesprächs war. Wenigstens acht Tage lang hörte man von nichts sprechen, als von Koreff und Schneider, und Schneider und Koreff. Hier standen geniale Dilettanten und rissen die Musik herunter; dort stand ein Haufen schlechter Poeten und schulmeisterte den Text. Was mich betrifft, so amüsierte mich diese Oper ganz außerordentlich.

Mich erheiterte das bunte Märchen, das der kunstbegabte Dichter so lieblich und kindlich schlicht entfaltete, mich ergötzte der anmutige Kontrast vom ernsten Abendlande und dem heitern Orient, und wie die verwunderlichsten Bilder in loser Verknüpfung abenteuerlich dahingaukelten, regte sich in mir der Geist der blühenden Romantik. – Es ist immer ein ungeheurer Spektakel in Berlin, wenn eine neue Oper gegeben wird, und hier kam noch der Umstand hinzu, daß der Musikdirektor Schneider und der Geheimrat Ritter Koreff so allgemein bekannt sind. Letztern verlieren wir bald, da er sich schon längst zu einer großen Reise ins Ausland vorbereitet. Das ist ein Verlust für unsere Stadt, da dieser Mann sich auszeichnet durch gesellige Tugenden, angenehme Persönlichkeit und Großartigkeit der Gesinnung.

Was man in Berlin singt, das wissen Sie jetzt, und ich komme zur Frage: Was spricht man in Berlin? – Ich habe vorsätzlich erst vom Singen gesprochen, da ich überzeugt bin, daß die Menschen erst gesungen haben, ehe sie sprechen lernten, so wie die metrische Sprache der Prosa voranging. Wirklich, ich glaube, daß Adam und Eva sich in schmelzenden Adagios Liebeserklärungen machten und in Rezitativen ausschimpften. Ob Adam auch zu letztern den Takt schlug? Wahrscheinlich. Dieses Taktschlagen ist bei unserm Berliner Pöbel, durch Tradition noch geblieben, obschon das Singen dabei außer Gebrauch kam. Wie die Kanarienvögel zwitscherten unsre Ureltern in den Tälern Kaschimir's. Wie haben wir uns ausgebildet! Ob die Vögel einst ebenfalls zum Sprechen gelangen werden? Die Hunde und die Schweine sind auf gutem Wege; ihr Bellen und Grunzen ist ein Übergang vom Singen zum ordentlichen Sprechen. Erstere werden reden die Sprache von Oc, die andern die Sprache von Oui. Die Bären sind gegen uns übrigen Deutsche in der Kultur noch sehr zurückgeblieben, und obschon sie in der Tanzkunst mit uns wetteifern, so ist ihr Brummen, wenn wir es mit andern deutschen Mundarten vergleichen, durchaus noch keine Sprache zu nennen. Die Esel und die Schafe hatten es einst schon bis zum Sprechen gebracht, hatten ihre klassische Literatur, hielten vortreffliche Reden über die reine Eselhaftigkeit im geschlossenen Hammeltume, über die Idee eines Schafskopfs und über die Herrlichkeit des Altböckischen. Aber wie es nach dem Kreislauf der Dinge zu geschehen pflegt, sie sind in der Kultur wieder so tief gesunken, daß sie ihre Sprache verloren, und bloß das gemütliche »I-A« und das kindlich fromme »Bäh« behielten.

Wie komme ich aber vom I-A der Langohrigen und vom Bäh der Dickwolligen zu den Werken von Sir Walter Scott? Denn von diesen muß ich jetzt sprechen, weil ganz Berlin davon spricht, weil sie »der Jungfernkranz« der Lesewelt sind, weil man sie überall liest, bewundert, bekrittelt, herunterreißt und wieder liest. Von der Gräfin bis zum Nähmädchen, vom Grafen bis zum Laufjungen liest alles die Romane des großen Schotten; besonders unsre gefühlvollen Damen. Diese legen sich nieder mit »Waverley«, stehen auf mit »Robin dem Roten«, und haben den ganzen Tag den »Zwerg« in den Fingern. Der Roman »Kenilworth« hat gar besonders Furore gemacht. Da hier sehr wenige mit vollkommener Kenntnis des Englischen gesegnet sind, so muß sich der größte Teil unserer Lesewelt mit französischen und deutschen Übersetzungen behelfen. Daran fehlt es auch nicht. Von dem letzten Scott'schen Roman:

»Der Pirat« sind vier Übersetzungen auf einmal angekündigt. Zwei davon kommen hier heraus; die der Frau von Montenglant bei Schlesinger, und die des Doktor Spieker bei Duncker und Humblot. Die dritte Übersetzung ist die von Lotz in Hamburg, und die vierte wird in der Taschenausgabe der Gebr. Schumann in Zwickau enthalten sein. Daß es bei solchen Umständen an einiger Reibung nicht fehlen wird, ist vorauszusehen. Frau von Hohenhausen ist jetzt mit der Übersetzung des Scott'schen »Ivanhoe« beschäftigt, und von der trefflichen Übersetzerin Byron's können wir auch eine treffliche Übersetzung Scott's erwarten. Ich glaube sogar, daß diese noch vorzüglicher ausfallen wird, da in dem sanften, für reine Ideale empfänglichen Gemüte der schönen Frau die frömmig heitern, unverzerrten Gestalten des freundlichen Schotten sich weit klarer abspiegeln werden, als die düstern Höllenbilder des mürrischen, herzkranken Engländers. In keine schönern und zartern Hände konnte die schöne, zarte Rebekka geraten, und die gefühlvolle Dichterin braucht hier nur mit dem Herzen zu übersetzen.

Auf eine ausgezeichnete Weise wurde Scott's

Name kürzlich hier gefeiert. Bei einem Feste war eine glänzende Maskerade, wo die meisten Helden der Scott'schen Romane in ihrer charakteristischen Äußerlichkeit erschienen. Von dieser Festlichkeit und diesen Bildern sprach man hier wieder acht Tage lang. Besonders trug man sich damit herum, daß der Sohn von Walter Scott, der sich just hier befindet, als schottischer Hochländer gekleidet und, ganz wie es jenes Kostüm verlangt, nacktbeinig, ohne Hosen, bloß ein Schurz tragend, das bis auf die Mitte der Lenden reichte, bei diesem glänzenden Feste paradierte. Dieser junge Mensch, ein englischer Husarenoffizier, wird hier sehr gefeiert, und genießt hier den Ruhm seines Vaters. – Wo sind die Söhne Schiller's? Wo sind die Söhne unserer großen Dichter, die, wenn auch nicht ohne Hosen, doch vielleicht ohne Hemd herumgehn? Wo sind endlich unsre großen Dichter selbst? Still, still, das ist eine *partie honteuse.*

Ich will nicht ungerecht sein und hier unerwähnt lassen die Verehrung, die man hier dem Namen Goethe zollt, – der deutsche Dichter, von dem man hier am meisten spricht. Aber, Hand aufs Herz, mag das feine, weltkluge Betragen unseres

Goethe nicht das meiste dazu beigetragen haben, daß seine äußere Stellung so glänzend ist und daß er in so hohem Maße die Affektion unserer Großen genießt? Fern sei es von mir, den alten Herrn eines kleinlichen Charakters zu zeihen. Goethe ist ein großer Mann in einem seidnen Rock. Am großartigsten hat er sich noch kürzlich bewiesen gegen seine kunstsinnigen Landsleute, die ihm im edeln Weichbilde Frankfurt's ein Monument setzen wollten, und ganz Deutschland zu Geldbeiträgen aufforderten. Hier wurde über diesen Gegenstand erstaunlich viel diskutiert, und meine Wenigkeit schrieb Folgendes mit Beifall beehrte Sonett:

Hört zu, ihr deutschen Männer, Mädchen, Frauen,
Und sammelt Subskribenten unverdrossen;
Die Bürger Frankfurt's haben jetzt beschlossen:
Ein Ehrendenkmal Goethen zu erbauen.

»Zur Meßzeit wird der fremde Krämer schauen« –
So denken sie – »daß wir des Manns Genossen,
Daß unserm Miste solche Blum' entsprossen,
Und blindlings wird man uns im Handel trauen.«

O, laßt dem Dichter seine Lorbeerreiser,
Ihr Handelsherrn! Behaltet euer Geld.
Ein Denkmal hat sich Goethe selbst gesetzt.

Im Windelnschmutz war er euch nah, doch jetzt
Trennt euch von Goethe eine ganze Welt,
Euch, die ein Flüßlein trennt vom Sachsenhäuser!

Der große Mann machte, wie bekannt ist, allen Diskussionen dadurch ein Ende, daß er seinen Landsleuten mit der Erklärung: »er sei gar kein Frankfurter« das Frankfurter Bürgerrecht zurückschickte.

Letzteres soll seitdem – um Frankfurtisch zu sprechen – 99 Prozent im Werte gesunken sein, und die Frankfurter Juden haben jetzt bessere Aussicht zu dieser schönen Akquisition. Aber – um wieder Frankfurtisch zu sprechen – stehen die Rothschilde und die Bethmänner nicht längst *al pari?* Der Kaufmann hat in der ganzen Welt dieselbe Religion. Sein Comptoir ist seine Kirche, sein Schreibpult ist sein Betstuhl, sein Memorial ist seine Bibel, sein Warenlager ist sein Allerheiligstes, die Börsenglocke ist seine Betglocke, sein Gold ist sein Gott, der Kredit ist sein Glauben.

Ich habe hier Gelegenheit, von zwei Neuigkeiten zu sprechen: erstens von der neuen Börsenhalle, die nach dem Vorbilde der Hamburger eingerichtet ist und vor einigen Wochen eröffnet wurde, und zweitens von dem alten, neu aufgewärmten Projekte der Judenbekehrung. Aber ich übergehe beides, da ich in der neuen Halle noch nicht war, und die Juden ein gar zu trauriger Gegenstand sind. Ich werde freilich am Ende auf dieselben zurückkommen müssen, wenn ich von ihrem neuen Kultus spreche, der von Berlin besonders ausgegangen ist. Ich kann es jetzt noch nicht, weil ich es immer versäumt habe, dem neuen mosaischen Gottesdienste einmal beizuwohnen. Auch über die neue Liturgie, die schon längst in der Domkirche eingeführt und Hauptgegenstand des Stadtgespräches ist, will ich nicht schreiben, weil sonst mein Brief zu einem Buche anschwellen würde. Sie hat eine Menge Gegner. Schleiermacher nennt man als den vorzüglichsten. Ich habe unlängst einer seiner Predigten beigewohnt, wo er mit der Kraft eines Luther's sprach, und wo es nicht an verblümten Ausfällen gegen die Liturgie fehlte. Ich muß gestehen, keine sonderlich gottseligen Gefühle werden durch seine Predigten in mir erregt; aber ich finde mich im bessern Sinne dadurch erbaut, erkräftigt, und wie durch Stachelworte aufgegeißelt vom weichen Flaumenbette des schlaffen Indifferentismus. Dieser Mann braucht nur das schwarze Kirchengewand abzuwerfen, und er steht da als Priester der Wahrheit.

Ungemeines Aufsehen erregten die heftigen Ausfälle gegen die hiesige theologische Fakultät in der Anzeige der Schrift: »Gegen die De-Wette'sche Aktensammlung« (in der Vossischen Zeitung) und in der Entgegnung auf die Erklärung der Fakultät (ebendaselbst). Als Verfasser jener Schrift nennt man allgemein Beckendorf [Ludolph von Beckedorff]. Aus wessen Feder jene Anzeige und Entgegnung geflossen ist, weiß man nicht genau. Einige nennen Kampz [Karl Albert von Kamptz], andere Beckendorf selbst, andere Klindworth, andere Buchholz, andere andere. Die Hand eines gewandten Diplomaten ist in jenen Aufsätzen nicht zu verkennen. Wie man sagt, ist Schleiermacher mit einer Entgegnung beschäftigt, und es wird dem gewaltigen Sprecher leicht werden, seinen Antagonisten nieder zu reden. Daß die theologische Fakultät auf solche Angriffe antworten muß, versteht sich von selbst, und das ganze Publikum sieht mit gespannter Erwartung dieser großen Antwort entgegen.

Man ist hier sehr gespannt auf die zwei Supplementbände zum Brockhausischen Konversationslexikon, aus dem sehr natürlichen Grunde, weil sie, laut dem Inhaltsverzeichnisse der Ankündigung, die Biographien einer Menge öffentlicher Charaktere enthalten werden, die, teils in Berlin, teils im Auslande lebend, gewöhnliche Gegenstände der hiesigen Konversation sind. Soeben erhalte ich die erste Lieferung von A bis Bomz (ausgegeben den 1. März 1822), und falle mit Begierde auf die Artikel: Albrecht (Geh. Kabinettsrat), Alopäus, Altenstein, Ancillon, Prinz August (v. Preußen) usw. usw. Unter den Namen, die unsere dortigen Freunde interessieren möchten, nenne ich: Akkum, Arndt, Begasse [Begas], Benzenberg und Beugnot, der brave Franzose, der den Bewohnern des Großherztums Berg, trotz seiner haßerregenden Stellung, so manche schöne Beweise eines edeln und großen Charakters gegeben hat, und jetzt in Frankreich so wacker kämpft für Wahrheit und Recht.

Die Maßregeln gegen den Brockhausischen Verlag sind noch immer in Wirksamkeit. Brockhaus war vorigen Sommer hier, und suchte seine Differenzen mit unserer Regierung auszugleichen. Seine Bemühungen müssen fruchtlos gewesen sein. – Brockhaus ist ein Mann von angenehmer Persönlichkeit. Seine äußere Repräsentation, sein scharfblickender Ernst und seine feste Freimütigkeit lassen in ihm jenen Mann erkennen, der die Wissenschaften und den Meinungskampf nicht mit gewöhnlichen Buchhändleraugen betrachtet.

Die griechischen Angelegenheiten sind hier, wie überall, tüchtig durchgesprochen worden, und das Griechenfeuer ist ziemlich erloschen. Die Jugend zeigte sich am meisten enthusiastisch für Hellas; alte, vernünftigere Leute schüttelten die grauen Köpfe. Gar besonders glühten und flammten die Philologen. Es muß den Griechen sehr viel geholfen haben, daß sie von unsern Tyrtäen auf eine so poetische Weise erinnert wurden an die Tage von Marathon, Salamis und Platäa. Unser Professor Zeune, der, wie der Optikus Amuel bemerkt, nicht allein eine Brille trägt, sondern auch Brillen zu beurteilen weiß, hatte sich am meisten tätig gezeigt.

Der Hauptmann Fabeck, der, wie Sie aus öffentlichen Blättern ersehn hatten, von hier aus, ohne viel' tyrtäische Lieder zu singen, nach Griechenland gereist ist, soll dort ganz erstaunliche Taten verrichtet haben, und ist, um auf seinen Lorbern zu ruhen, wieder nach Deutschland zurückgekommen.

Es ist jetzt bestimmt, daß das Kleist'sche Schauspiel: »Der Prinz von Homburg, oder die Schlacht bei Fehrbellin« nicht auf unserer Bühne erscheinen wird, und zwar, wie ich höre, weil eine edle Dame glaubt, daß ihr Ahnherr in einer unedeln Gestalt darin erscheine. Dieses Stück ist noch immer ein Erisapfel in unsern ästhetischen Gesellschaften. Was mich betrifft, so stimme ich dafür, daß es gleichsam vom Genius der Poesie selbst geschrieben ist, und daß es mehr Wert hat, als all' jene Farcen und Spektakelstücke und Houwald'sche Rühreier, die man uns täglich auftischt. »Anna Boleyn«, die Tragödie des sehr talentvollen Dichters Gehe, der sich jetzt just hier befindet, wird einstudiert. Herr Rellstab hat unserer Intendanz ein Trauerspiel angeboten, das den Titel führen wird: »Karl der Kühne von Burgund.« Ob dieses Stück angenommen worden, weiß ich nicht.

Es wurde hier viel darüber geschwatzt, als man hörte, daß bei Willmans in Frankfurt der neue Hoffmann'sche Roman: »Meister Floh und seine Gesellen« auf Requisition unserer Regierung konfisziert worden sei. Letztere hatte nämlich erfahren: das fünfte Kapitel dieses Romans persifliere die Kommission, welche die Untersuchung der demagogischen Umtriebe leitet. Daß unserer Regierung an solchen Persiflagen wenig gelegen sei, hatte sie längst bewiesen, da unter ihren Augen, hier in Berlin, bei Reimer, der Jean Paul'sche »Komet« mit Erlaubnis der Zensur gedruckt wurde, und, wie Ihnen vielleicht bekannt ist, in der Vorrede zum zweiten Teile dieses Romans die Umtriebe-Untersuchungen aufs heilloseste lächerlich gemacht werden. Bei unserm Hoffmann mochte man aber höheren Ortes gegründetes Recht gehabt haben, einen ähnlichen Spaß übel zu nehmen. Durch das Zutrauen des Königs war der Kammergerichtsrat Hoffmann selbst Mitglied jener Untersuchungskommission; er wenigstens durfte durch keine unzeitigen Späße das Ansehn derselben zu schwächen suchen, ohne eine tadelhafte Unziemlichkeit zu begehen. Hoffmann ist daher jetzt zur

Rechenschaft gezogen worden; der »Floh« wird aber jetzt mit einigen Abänderungen gedruckt werden. Hoffmann ist jetzt krank und leidet an einem schlimmen Nasenübel. – In meinen nächsten Briefen schreibe ich Ihnen vielleicht mehr über diesen Schriftsteller, den ich zu sehr liebe und verehre, um schonend von ihm zu sprechen.

Herr von Savigny wird diesen Sommer Institutionen lesen. Die Possenreißer, die vorm Brandenburger Tor ihr Wesen trieben, haben schlechte Geschäfte gemacht und sind längst abgereist. Blondin ist hier, und wird reiten und springen. Der Kopfabschneider Schuhmann erfüllt die Berliner mit Verwunderung und Entsetzen. Aber Bosko, Bosko, Bartolomeo Bosko sollten Sie sehen! Das ist ein echter Schüler Pinetti's! Der kann zerbrochene Uhren noch schneller kurieren, als der Uhrmacher Labinski, der weiß die Karten zu mischen und Puppen tanzen zu lassen! Schade, daß der Kerl keine Theologie studiert hat. Er ist ein ehemaliger italienischer Offizier, noch sehr jung, männlich, kräftig, trägt anliegende Jacke und Hosen von schwarzem Seidenzeug, und, was die Hauptsache ist, wenn er seine Künste macht, sind seine Arme fast ganz entblößt. Weibliche Augen sollen sich an letztern noch weit mehr als an seinen Kunststücken erbauen. Er ist wirklich ein netter Kerl, das muß man gestehen, wenn man die bewegliche Figur sieht im Scheine einiger fünfzig langen Wachskerzen, die wie ein funkelnder Lichterwald vor seinem, mit seltsamen Gauklerapparate besetzten langen Tische aufgepflanzt stehen. Er hat seinen Schauplatz vom Jagor'schen Saale nach dem Englischen Hause verlegt, und ist noch immer mit erstaunlich vielem Zuspruche gesegnet.

Ich habe gestern im *Café Royal* den Kammermusikus gesprochen. Er hat mir eine Menge kleiner Neuigkeiten erzählt, wovon ich die wenigsten im Gedächtnis behielt. Versteht sich, daß die meisten aus der musikalischen *Chronique scandaleuse* sind. Den 20. ist Prüfung bei Dr. Stöpel, der nach der Logier'schen Methode Klavierspielen und Generalbaß lehrt. Graf Brühl wird von seiner Krankheit bald ganz hergestellt sein. Walter aus Karlsruhe wird noch in einer neuen Posse: »Staberles Hochzeit« auftreten. Herr und Madame Wolff geben jetzt Gastrollen in Leipzig und Dresden. Michael Beer hat in Italien eine neue Tragödie geschrieben: »Die Bräute von Aragonien« und von Meyerbeer wird jetzt in Mailand eine neue Oper gegeben. Spontini komponiert jetzt Koreff's »Sappho«. Mehrere Menschenfreunde wollen hier eine Anstalt für verwahrloste Knaben stiften, ähnlich der des Geheimrat Falk in Weimar. Cosmeli hat in der Schüppel'schen Buchhandlung »Harmlose Bemerkungen auf einer Reise durch einen Teil Rußlands und der Türkei« herausgegeben, die so ganz harmlos nicht sein sollen, weil dieser originelle Kopf überall mit eignen Augen die Dinge sieht, und das Gesehene unverblümt und freisinnig ausspricht. Die Lesebibliotheken werden von Seiten der Polizei einer Revision unterworfen, und sie müssen ihre Kataloge einliefern; alle ganz obszöne Bücher, wie die meisten Romane von Althing, A. v. Schaden u. dergl. werden weggenommen. Letzterer, der jetzt nach Prag gereist ist, hat so eben herausgegeben: »Licht- und Schattenseiten von Berlin«, eine Broschüre, die viele Unwahrheiten enthalten soll und vielen Unwillen erregt. Der Fabrikant Fritsche hat eine neue Art Wachslichter erfunden, die ein Drittel wohlfeiler sind, als die gewöhnlichen. Auch für die nächste Ziehung der

Prämien-Staatsschuldscheine werden bedeutende Geschäfte in Promessen gemacht. Das Bankierhaus L. Lipke u. Komp. hat allein schon beinahe 10.000 Stück abgesetzt. Böttiger und Tieck werden hier erwartet. Die geistreiche Fanny Tarnow lebt jetzt hier. Die Neue Berliner Monatschrift ist seit Januar eingegangen. Der General Menu Menutuli [Heinrich Menu von Minutoli] hat aus Italien das Manuskript seines Reisejournals hergeschickt an den Prof. Ideler, damit derselbe es zum Druck befördere. Prof. Bopp, dessen Vorlesungen über das Sanskrit noch immer viel Aufsehen erregen, schreibt jetzt ein großes Werk über allgemeine Sprachkunde. Ungefähr dreißig Studenten, worunter sehr viele Polen, sind wegen demagogischer Umtriebe arretiert worden. Schadow hat ein Modell zu einer Statue des großen Friedrich's vollendet. Der Tod des jungen Schadow in Rom hat hier viel Teilnahme erregt. Wilhelm Schadow, der Maler, lieferte neulich ein vortreffliches Bild, die Prinzessin Wilhelmine mit ihren Kindern darstellend. Wilhelm Hensel wird erst diesen Mai nach Italien reisen. Kolbe ist beschäftigt mit den Zeichnungen der Glasmalereien für das Schloß zu Marienburg. Schinkel zeichnet die Skizzen der Dekorationen zu Spontini's »Milton«. Dieses ist eine schon alte Oper in einem Akte, die hier nächstens zum ersten Mal gegeben werden soll. Der Bildhauer Tieck arbeitet am Modell der Statue des Glaubens, welche in einer von den beiden Nischen am Eingang des Doms aufgestellt wird. Rauch ist noch immer beschäftigt mit den Basreliefs zu Bülow's Statue; diese und die schon fertige Statue Scharnhorst's werden an beiden Seiten des neuen Wachthauses (zwischen dem Universitätsgebäude und dem Zeughause) aufgestellt. – Die ständischen Arbeiten gehn, dem äußern Anscheine nach, rasch vorwärts. Die Notabeln von Ost- und Westpreußen werden dieser Tage von unserer Regierung entlassen, und alsdann durch die Notabeln unserer sächsischen Provinzen ersetzt werden. Die Notabeln der Rheinprovinzen, sagt man, sollen die letzten sein, die herberufen werden. Von den Verhandlungen der Notabeln mit der Regierung erfährt man nichts, da sie, wie man sagt, *Juramenta silentii* abgelegt haben. – Unsere Differenzen mit Hessen wegen Verletzung des Territorialrechts bei dem Prinzessinraube in Bonn scheinen nicht beigelegt zu sein; es will sogar verlauten, als sei unser Gesandter am Kasseler Hofe zurückberufen. – Es wird hier ein neuer sächsischer Gesandte erwartet. Der hiesige portugiesische Gesandte, Graf Lobrau, ist jetzt definitiv von seiner Regierung entlassen; ein neuer portugiesischer Gesandte wird täglich erwartet. Unser preußischer Gesandte für Portugal, Graf von Flemming, der Neffe des Staatskanzlers, ist noch immer hier. Unsere Gesandten bei dem königl. sächsischen und bei dem großherzoglich darmstädtischen Hofe, Herr von Jordan und Baron von Otterstädt [Otterstedt], sind ebenfalls noch hier. Ein neuer französischer Gesandte wird hier erwartet. – Von der Heirat des schwedischen Prinzen Oskar mit der schönen Fürstin Elise Radziwill wird hier viel gesprochen. Von der Verbindung unseres Kronprinzen mit einer deutschen Fürstentochter verlautet nichts weiter. Großen Festlichkeiten sieht man hier entgegen bei Gelegenheit der Vermählung der Prinzessin Alexandrine. Spontini komponiert zu diesen Festlichkeiten: »Das Rosenfest in Kaschemir«, worin zwei Elefanten erscheinen. – Die Assembléen bei den Ministern sind jetzt geschlossen; die einzigen, die noch fortdauern, sind die, welche dienstags bei dem Fürsten Wittgenstein stattfinden. Unser Staatskanzler befindet sich jetzt ganz hergestellt und ist teils hier, teils in Glienicke. – Zur Ostermesse erscheinen: »Jahrbücher der königl. preuß. Universitäten«. Der Bibliothekar Spieker [Spiker] gibt das Festspiel: »Lalla Rookh« heraus. – Der Riese, der auf der Königsstraße zu sehen war, ist jetzt auf der Pfaueninsel. – Devrient ist noch immer nicht ganz hergestellt. Boucher und seine Frau geben jetzt Konzerte in Wien. Maria von Weber's neue Opern heißen. »Euryanthe«, Text von Helmine von Chezy, und: »Die beiden Pintos«, Text von Hofrat Winkler. Bernhard Romberg ist hier.

Ach Gott! es ist eine schlimme Sache mit Notizenschreiben. Die wichtigsten darf man oft nicht mitteilen, wenn man sie nicht verbürgen kann. Kleine Klatschereien darf man ebenfalls nicht schreiben; erstens, weil sie oft zu tief in Familienverhältnisse eingreifen, und zweitens und hauptsächlich, weil die, welche in Berlin am amüsantesten sind, oft in der Provinz langweilig und läppisch klingen. Um des lieben Himmels willen, was interessiert es die Damen in Dülmen, wenn ich erzähle, daß jene Tänzerin jetzt im Dualis sprechen könnte, und jener Lieutenant auffallend falsche Waden und Lenden trägt? Was kümmert's diese Damen, ob ich in jener Tänzerin eine oder zwei Personen annehme, und ob ich jenen Lieutenant aus zwei Drittel Watte und ein Drittel Fleisch, oder aus zwei Drittel Fleisch und ein Drittel Watte bestehen lasse? Was soll man endlich Notizen über Menschen schreiben, von denen man gar keine Notiz nehmen sollte?

Wie man diesen Winter hier lebte, läßt sich von selbst erraten. Dies bedarf keiner besondern Schilderung, da Winterunterhaltungen in jeder Residenz dieselben sind. Oper, Theater, Konzerte, Assembléen, Bälle, Tees (sowohl *dansant* als *médisant*), kleine Maskeraden, Liebhaberei-Komödien, große Redouten usw., das sind wohl unsre vorzüglichsten Abendunterhaltungen im Winter. Es ist hier ungemein viel geselliges Leben, aber es ist in lauter Fetzen zerrissen. Es ist ein Nebeneinander vieler kleiner Kreise, die sich immer mehr zusammen zu ziehen, als auszubreiten suchen. Man betrachte nur die verschiedenen Bälle hier; man sollte glauben, Berlin bestände aus lauter

Innungen. Der Hof und die Minister, das diplomatische Korps, die Zivilbeamten, die Kaufleute, die Offiziere usw. usw. Alle geben sie eigene Bälle, worauf nur ein zu ihrem Kreise gehöriges Personal erscheint. Bei einigen Ministern und Gesandten sind die Assembléen eigentlich große Tees, die an bestimmten Tagen in der Woche gegeben werden, und woraus sich durch einen mehr oder minder großen Zusammenfluß von Gästen ein wirklicher Ball entwickelt. Alle Bälle der vornehmen Klasse streben mit mehr oder minderm Glücke, den Hofbällen oder fürstlichen Bällen ähnlich zu sein. Auf letztern herrscht jetzt fast im ganzen gebildeten Europa derselbe Ton, oder vielmehr, sie sind den Pariser Bällen nachgebildet. Folglich haben unsre hiesigen Bälle nichts Charakteristisches; wie verwunderlich es auch oft aussehen mag, wenn vielleicht ein von seiner Gage lebender Sekonde-Lieutenant, und ein mit Läppchen und Geflitter mosaikartig aufgeputztes Kommißbrot-Fräulein sich auf solchen Bällen in entsetzlich vornehmen Formen bewegen, und die rührend kümmerlichen Gesichter puppenspielmäßig kontrastieren mit dem angeschnallten, steifen Hofkothurn.

Einen einzigen, allen Ständen gemeinsamen Ball gibt es hier seit einiger Zeit, nämlich die Subskriptionsbälle, oder die scherzhaft »unmaskierte Maskeraden« genannten Bälle im Konzertsaale des neuen Schauspielhauses. Der König und der Hof beehren dieselben mit ihrer Gegenwart, letzterer eröffnet sie gewöhnlich, und für ein geringes Entrée kann jeder anständige Mensch daran Teil nehmen. Über diese Bälle und die Hoffestlichkeiten spricht sehr schön die geist- und gemütreiche Baronin Karoline Fouqué in ihren Briefen über Berlin, die ich, wegen der Tiefe der Anschauung, die darin herrscht, Ihnen nicht genug empfehlen kann. Dieses Jahr fielen die Subskriptionsbälle nicht so glänzend aus, wie voriges Jahr, da sie damals noch den Reiz der Neuheit hatten. Die Bälle der großen Staatsbeamten hingegen waren diesen Winter besonders brillant. Meine Wohnung liegt zwischen lauter Fürsten- und Ministerhotels, und ich habe deshalb oft des Abends nicht arbeiten können vor all dem Wagengerassel und Pferdegetrampel und Lärmen. Da war zuweilen die ganze Straße gesperrt von lauter Equipagen; die unzähligen Laternchen der Wagen beleuchteten die galonierten Rotröcke, die rufend und fluchend dazwischen herumliefen, und aus den Bel-Etagefenstern des Hotels, wo die Musik rauschte, gossen kristallene Kronleuchter ihr freudiges Brillantlicht.

Wenig Schnee und folglich auch fast gar kein Schlittengeklingel und Peitschengeknall hatten wir dieses Jahr. Wie in allen (großen) protestantischen Städten spielt hier Weihnachten die Hauptrolle in der großen Winterkomödie. Schon eine Woche vorher ist alles beschäftigt mit Einkauf von Weihnachtsgeschenken. Alle Modemagazine und Bijouterie- und Quinkaillerie-Handlungen haben ihre schönsten Artikel – wie unsere Stutzer ihre gelehrten Kenntnisse – leuchtend ausgestellt; auf dem Schloßplatze stehen eine Menge hölzerner Buden mit Putz-, Haushaltungs- und Spielsachen; und die beweglichen Berlinerinnen flattern, wie Schmetterlinge von Laden zu Laden, und kaufen, und schwatzen, und äugeln, und zeigen ihren Geschmack, und zeigen sich selber den lauschenden Anbetern. Aber des Abends geht der Spaß erst recht los; dann sieht man unsere Holden oft mit der ganzen respektiven Familie, mit Vater, Mutter, Tante, Schwesterchen und Brüderchen, von einem

Konditorladen nach dem andern wallfahrten, als wären es Passionsstationen. Dort zahlen die lieben Leutchen ihre zwei Kourantgroschen Entrée und besehen sich *con amore* die »Ausstellung«, eine Menge Zucker- oder Dragéepuppen, die, harmonisch neben einander aufgestellt, rings beleuchtet und von vier perspektivisch bemalten Wänden eingepfercht, ein hübsches Gemälde bilden. Der Hauptwitz ist nun, daß diese Zuckerpüppchen zuweilen wirkliche, allgemein bekannte Personen vorstellen.

Ich habe eine Menge dieser Konditorladen mit durchgewandert, da ich nichts Ergötzlicheres kenne, als unbemerkt zuzuschauen, wie sich die Berlinerinnen freuen, wie diese gefühlvollen Busen vor Entzücken stürmisch wallen, und wie diese naiven Seelen himmelhoch aufjauchzen: »Nee, des ist schene!« Bei Fuchs waren in der heutigen Ausstellung Bilder aus »Lalla Rookh«, wie man sie vorig Jahr auf dem bekannten Hoffeste im Schlosse sah. Es war mir unmöglich, von dieser Herrlichkeit bei Fuchs etwas zu sehen, da die holden Damenköpfchen eine undurchdringliche Mauer bildeten vor dem viereckigen Zuckergemälde. Ich will Sie nicht langweilen, mein Lieber, mit der Beurteilung der Ausstellung bei allen Konditoren; der Kriegsrat Karl Müchler, der, wie man sagt, Berliner Korrespondent in der »Eleganten Welt« ist, hat bereits in diesem Blatte eine solche Rezension geliefert.

Von den Redouten im Jagor'schen Saale läßt sich nichts Erhebliches sagen, außer daß bei denselben die schöne Einrichtung getroffen ist: daß es jedem, der sich dort zu Tode zu ennuyieren fürchtet, ganz unverwehrt bleibt, sich wieder zu entfernen.

Die Redouten im Opernhause sind sehr herrlich und großartig. Wenn dergleichen gegeben werden, ist das ganze Parterre mit der Bühne vereinigt, und das gibt einen ungeheuern Saal, der oben durch eine Menge ovaler Lampenleuchter erhellt wird. Diese brennenden Kreise sehen fast aus wie Sonnensysteme, die man in astronomischen Kompendien abgebildet findet, sie überraschen und verwirren das Auge des Hinaufschauenden, und gießen ihren blendenden Schimmer auf die buntscheckige, funkelnde Menschenmenge, die, fast die Musik überlärmend, tänzelnd und hüpfend und drängend im Saale hin und her wogt. Jeder muß hier in einem Maskenanzuge erscheinen, und niemanden ist es erlaubt, unten im großen Tanzsaale die Maske vom Gesicht zu nehmen. Ich weiß nicht, in welchen Städten dieses auch der Fall wäre. Nur in den Gängen und in den Logen des ersten und zweiten Ranges darf man die Larve ablegen. Die niedre Volksklasse bezahlt ein kleines Entrée, und kann von der Galerie aus auf all diese Herrlichkeit herabschauen. In der großen königlichen Loge sieht man den Hof, größtenteils unmaskiert; dann und wann steigen Glieder desselben in den Saal hinunter und mischen sich in die rauschende Maskenmenge. Diese besteht aus Menschen von allen Ständen. Schwer ist hier zu unterscheiden, ob der Kerl ein Graf oder ein Schneidergesell ist; an der äußern Repräsentation würde dieses wohl zu erkennen sein, nimmermehr an dem Anzuge. Fast alle Männer tragen hier nur einfache, seidene Dominos und lange Klapphüte. Dieses läßt sich leicht aus dem großstädtischen Egoismus erklären. Jeder will sich hier amüsieren und nicht als Charaktermaske andern zum Amüsement dienen. Die Damen sind aus demselben Grunde ganz einfach maskiert, meistens als Fledermäuse. Eine Menge

Femmes entretenues und Priesterinnen der ordinären Venus sieht man in dieser Gestalt herumflirren und Erwerbsintrigen anknüpfen. »Ich kenne dir«, flüstert dort eine solche Vorbeiflirrende. »Ich kenne dir auch«, ist die Antwort. *»Je te connais, beau masque«,* ruft hier eine *Chauve-souris* einem jungen Wüstlinge entgegen. *»Si tu me connais, ma belle, tu n'es pas grande chose«,* entgegnet der Bösewicht ganz laut, und die blamierte Donna verschwindet wie ein Wind.

Aber was ist daran gelegen, wer unter der Maske steckt? Man will sich freuen, und zur Freude bedarf man nur Menschen. Und Mensch ist man erst recht auf dem Maskenballe, wo die wächserne Larve unsere gewöhnliche Fleischlarve bedeckt, wo das schlichte Du die urgesellschaftliche Vertraulichkeit herstellt, wo ein alle Ansprüche verhüllender Domino die schönste Gleichheit hervorbringt, und wo die schönste Freiheit herrscht – Maskenfreiheit. Für mich hat eine Redoute immer etwas höchst Ergötzliches. Wenn die Pauken donnern und die Trompeten erschmettern, und liebliche Flöten- und Geigenstimmen lockend dazwischen tönen, dann stürze ich mich, wie ein toller Schwimmer, in die tosende, buntbeleuchtete Menschenflut, und tanze, und renne, und scherze, und necke jeden, und lache, und schwatze, was mir in den Kopf kommt. Auf der vorletzten Redoute war ich besonders freudig, ich hätte auf dem Kopf gehen mögen, und wäre mein Todfeind mir in den Weg gekommen, ich hätte ihm gesagt: »Morgen wollen wir uns schießen, aber heute will ich dich recht herzlich abküssen.« Die reinste Lustigkeit ist die Liebe, Gott ist die Liebe, Gott ist die reinste Lustigkeit! *»Tu es beau! tu es charmant! tu es l'objet de ma flamme! je t'adore, ma belle!«* Das waren die Worte, die meine Lippen hundertmal unwillkürlich wiederholten. Und allen Leuten drückte ich die Hand, und zog vor allen hübsch den Hut ab; und alle Menschen waren auch so höflich gegen mich. Nur ein deutscher Jüngling wurde grob, und schimpfte über mein Nachäffen des welschen Babeltums, und donnerte im urteutonischen Bierbaß: »Auf einer deutschen Mummerei soll der Teutsche Teutsch sprechen!« O deutscher Jüngling, wie finde ich dich und deine Worte sündlich und läppisch in solchen Momenten, wo meine Seele die ganze Welt mit Liebe umfaßt, wo ich Franzosen und Türken jauchzend umarmen würde, und wo ich weinend hinsinken möchte an die Bruderbrust des gefesselten Afrikaners! Ich liebe Deutschland und die Deutschen; aber ich liebe nicht minder die Bewohner des übrigen Teils der Erde, deren Zahl vierzigmal größer ist, als die der Deutschen. Die Liebe gibt dem Menschen seinen Wert. Gottlob! ich bin also vierzigmal mehr wert, als jene, die sich nicht aus dem Sumpfe der Nationalselbstsucht hervorwinden können, und die nur Deutschland und Deutsche lieben.

Dritter Brief

Berlin, den 7. Juni 1822[4]

Ich habe eben meinen Galarock, schwarzseidene Hosen und Strümpfe angezogen, und melde Ihnen allerfeierlichst:

die hohe Vermählung Ihrer königl. Hoheit der Prinzessin Alexandrine mit Sr. königl. Hoheit dem Erb-Groß-Herzoge von Mecklenburg-Schwerin.

Die ausführliche Beschreibung der Hochzeitsfeierlichkeiten selbst lasen Sie gewiß schon in der Vossischen oder Haude- und Spener'schen Zeitung, und was ich darüber zu sagen habe, wird also sehr wenig sein. Es hat aber auch noch einen andern wichtigen Grund, warum ich sehr wenig darüber sage, und das ist: weil ich wirklich wenig davon gesehen. Da ich oft mehr den Geist als die Notiz referiere, so hat das so sehr viel nicht zu bedeuten. Ich hatte mich auch nicht genug vorbereitet, sehr viele Notizen einzusammeln. Es war freilich schon sehr lange vorher bestimmt, daß am 25. die Vermählung jener hohen Personen stattfinden sollte. Aber man trug sich damit herum, daß solche noch etwas länger aufgeschoben werde, und wahrhaftig, Freitag (den 24.) wollte ich es noch nicht recht glauben, daß schon am andern Tage die Trauung stattfände. Es ging manchem so. Sonnabendmorgen war es nicht sehr lebhaft auf der Straße. Aber auf den Gesichtern lag Eilfertigkeit und geheimnisvolle Erwartung. Herumlaufende Bedienten, Friseure, Schachteln, Putzmacherinnen usw. Ein schöner Tag; nicht sehr schwül; aber die Menschen schwitzten. Gegen sechs Uhr begann das Wagengerassel.

Ich bin kein Adeliger, kein hoher Staatsbeamter und kein Offizier – folglich bin ich nicht kurfähig und konnte den Vermählungsfeierlichkeiten auf dem Schlosse selbst nicht beiwohnen. Dennoch ging ich nach dem Schloßhof, um mir wenigstens das ganze kurfähige Personal zu beschauen. Ich habe nie so viel' prächtige Equipagen beisammen gesehen. Die Bedienten hatten ihre besten Livréen an, und in ihren schreiend hellfarbigen Röcken und kurzen Hosen mit weißen Strümpfen sehen sie aus wie holländische Tulpen. Mancher von ihnen trug mehr Gold und Silber am Leibe, als das ganze Hauspersonal des Bürgermeisters von Nordamerika. Aber dem Kutscher des Herzogs von

Cumberland gebührt der Preis. Wahrlich, diese Blume der Kutscher auf ihrem Bocke paradieren zu sehen, ist schon allein wert, daß man deshalb nach Berlin reist. Was ist Salomo in seiner Königspracht, was ist Harun-al-Raschid in seinem Kalifenschmuck, ja was ist der Triumph-Elefant in der »Olympia« gegen die Herrlichkeit dieses Herrlichen? An minder festlichen Tagen imponiert er schon hinlänglich durch seine echt chinesische Porzellanhaftigkeit, durch die pendulartigen Bewegungen seines gepuderten, schwerbezopften, mit einem dreieckigen Wünschelhütchen bedeckten Kopfes, und durch die wunderliche Beweglichkeit seiner Arme beim Pferdelenken. Aber heute trug er ein karmoisinrotes Kleid, das halb Frack, halb Überrock war, Hosen von derselben Farbe, alles mit breiten goldnen Tressen besetzt. Sein edles Haupt, kreideweiß gepudert und mit einem unmenschlich großen schwarzen Haarbeutel geziert, war von einem schwarzen Samtkäppchen mit langem Schirm bedeckt. Ganz auf gleiche Weise waren die vier Bedienten gekleidet, die hinten auf dem Wagen standen, sich mit brüderlicher Umschlingung einer an dem andern festhielten, und dem gaffenden Publikum vier wackelnde Haarbeutel zeigten. Aber er trug die gewöhnliche Herrscherwürde im Antlitz, er dirigierte die sechsspännige Staatskarosse, zerrend zog er die Zügel,

»und rasch hinflogen die Rosse.«

Es war ein furchtbares Menschengewühl auf dem Schloßhofe. Das muß man sagen, die Berlinerinnen sind nicht neugierig. Die zartesten Mägdlein gaben mir Stöße in die Seiten, die ich noch heute fühle. Es war ein Glück, daß ich keine schwangere Frau bin. Ich quetschte mich aber ehrlich durch, und gelangte glücklich ins Portal des Schlosses. Der zurückdrängende Polizeibeamte ließ mich durch, weil ich einen schwarzen Rock trug, und weil er es mir wohl ansah, daß die Fenster meines Logis mit rotseidenen Gardinen behängt sind. Ich konnte jetzt sehr gut die hohen Herren und Damen aussteigen sehen, und mich amüsierten recht sehr die vornehmen Hofkleider und Hofgesichter. Erstere kann ich nicht beschreiben, weil ich zu wenig Schneidergenie bin, und letztere will ich nicht beschreiben, aus stadtvogteilichen Gründen. Zwei hübsche Berlinerinnen, die neben mir standen, bewunderten mit Enthusiasmus die schönen Diamanten und Goldstickereien und Blumen und Gaze und Atlasse und lange Schleppen und Frisuren. Ich hingegen bewunderte noch mehr die schönen Augen dieser schönen Bewunderinnen, und wurde etwas ärgerlich, als mir von hinten jemand freundschaftlich auf die Achsel schlug, und mir das rotbäckige Gesichtlein des Kammermusici entgegenleuchtete. Er war in ganz besonderer Bewegung und hüpfte wie ein Laubfrosch. »*Carissime*«, quäkte er, »sehen Sie dort die schöne Komtesse? Zypressenwuchs, Hyazinthenlocken, der Mund ist Ros' und Nachtigall zu gleicher Zeit, die ganze Frau ist eine Blume, und wie eine arme Blume, die zwischen zwei Blättern Löschpapier gepresst wird, steht sie da zwischen ihren grauen Tanten. Der Herr Gemahl, der solche Blumen statt Disteln verzehrt, um uns glauben zu machen, er sei kein Esel, musste heute zu Hause bleiben, hat den Schnupfen, liegt auf dem Sofa, ich habe ihn unterhalten müssen, wir schwatzten zwei Stunden lang von der neuen Liturgie, und die Zunge ist mir ordentlich dünner geworden durch das viele Schwatzen, und die Lippen tun mir weh vor lauter

Lächeln –« Bei diesen Worten zog sich um die Mundwinkel des Kammermusici ein sauerhöfliches Lächeln, das er mit dem feinen Zünglein wieder fortleckte, und plötzlich rief er: »Die Liturgie! die Liturgie! sie wird auf den Flügeln des roten Adlers dritter Klasse von Kirchturm zu Kirchturm fliegen, *jusqu' à la tour de Notre-Dame!* Doch lasst uns etwas Vernünftiges sprechen – betrachten Sie die beiden geputzten Herren, die eben vorgefahren – ein zerquetschtes, eingemachtes Gesichtchen, ein feines Köpfchen mit weichen, baumwollenen Gedanken, buntgestickte Weste, Galanteriedegen, weißseidene, lächelnde Beinchen, und er parliert Französisch, und wenn man es ins Deutsche übersetzt, ist es eine Dummheit – Dagegen der Andre, der Große mit dem Schnurrbart, der Titane, der alle Betthimmel stürmen will! ich wette, er hat so viel Verstand wie der Apoll von Belvedere –« Um den Raisonneur auf andre Gedanken zu bringen, zeigte ich ihm meinen Barbier, der uns gegenüber stand und seinen neuen altdeutschen Rock angezogen hatte. Kirschbraun wurde jetzt das Gesicht des Kammermusici, und er fletschte mit den Zähnen: »O Sankt Marat! so ein Lump will den Freiheitshelden spielen! O Danton, Callot d'Herbois, Robespierre –« Vergebens trällerte ich das Liedchen:

Eine feste Burg, o lieber Gott,
Ist Spandau, usw.

Vergebens, ich hatte das Ding noch verschlimmert, der Mensch geriet jetzt in seine alten Revolutionsgeschichten, und schwatzte von nichts als Guillotinen, Laternen, Septembrisieren, bis mir zu meinem Glücke seine lächerliche Pulverfurcht in den Sinn kam, und ich sagte ihm: Wissen Sie auch, dass gleich im Lustgarten zwölf Kanonen losgeschossen werden? Kaum hatte ich diese Worte ausgesprochen, und verschwunden war der Kammermusikus.

Ich wischte mir den Angstschweiß aus dem Gesichte, als mir der Kerl vom Halse war, sah noch die letzten Aussteigenden, machte meinen schönen Nachbarinnen eine mit einem holden Lächeln akkompagnierte Verbeugung, und begab mich nach dem Lustgarten. Da standen wirklich zwölf Kanonen aufgepflanzt, die dreimal losgeschossen werden sollten, in dem Augenblicke, wo das fürstliche Brautpaar die Ringe wechseln würde. An einem Fenster des Schlosses stand ein Offizier, der den Kanonieren im Lustgarten das Zeichen zum Abfeuern geben sollte. Hier hatte sich eine Menge Menschen versammelt. Auf ihren Gesichtern waren ganz eigne, fast sich widersprechende Gedanken zu lesen.

Es ist einer der schönsten Züge im Charakter der Berliner, daß sie den König und das königliche Haus ganz unbeschreiblich lieben. Die Prinzen und Prinzessinnen sind hier ein Hauptgegenstand der Unterhaltung in den geringsten Bürgerhäusern. Ein echter Berliner wird auch nie anders sprechen, als »unsre« Charlotte, »unsre« Alexandrine, »unser« Prinz Karl usw. Der Berliner lebt gleichsam in die königliche Familie hinein, alle Glieder derselben kommen ihm wie gute Bekannte vor, er kennt den besondern Charakter eines jeden, und ist immer entzückt, neue schöne Seiten desselben zu bemerken. So wissen die Berliner zum Beispiel, daß der Kronprinz sehr witzig ist, und deshalb kursiert jeder gute Einfall gleich unter dem Namen des Kronprinzen, und einem Herkules mit der schlagenden Witzkeule werden die Witze aller übrigen Herkulesse zugeschrieben.

Sie können sich also vorstellen, wie sehr hier die schöne, leuchtende Alexandrine vom Volke geliebt sein muß; und aus dieser Liebe können Sie sich auch den Widerspruch erklären, der auf den Gesichtern der Berliner lag, als sie erwartungsvoll nach den hohen Schloßfenstern sahen, wo unsre Alexandrine vermählt wurde. Verdruß durften sie nicht zeigen; denn es war der Ehrentag der geliebten Prinzessin. Recht freuen konnten sie sich auch nicht; denn sie verloren dieselbe. Neben mir stand ein Mütterchen, auf dessen Gesicht zu lesen war: »Jetzt habe ich sie freilich verheiratet, aber sie verläßt mich jetzt.« Auf dem Gesichte meines jugendlichen Nachbars stand: »Als Herzogin von Mecklenburg ist sie doch nicht so viel, wie sie als Königin aller Herzen war.« Auf den roten Wangen einer hübschen Brünette las ich: »Ach, wär ich schon so weit!« – Da donnerten plötzlich die Kanonen, die Damen zuckten zusammen, die Glocken läuteten, Staub- und Dampfwolken erhoben sich, die Jungen schrien, die Leute trabten nach Hause, und die Sonne ging blutrot unter hinter Monbijou.

Besonders lärmig waren die Vermählungsfeierlichkeiten nicht. Den Morgen nach der Trauung wohnten die hohen Neuvermählten dem Gottesdienste in der Domkirche bei. Sie fuhren in der achtspännigen goldnen Kutsche mit großen Glasfenstern, und wurden von einer gewaltigen Menschenmenge bestaunt. Wenn ich nicht irre, trugen die obigen Bedienten an diesem Tage keine Haarbeutel. Des Abends war Gratulationscour, und hierauf Polonaisenball im Weißen Saale. Den 27. war Mittagstafel im Rittersaale, und des Abends verfügten sich die hohen und höchsten Personen nach dem Opernhause, wo die von Spontini zu diesem Feste eigens komponierte Oper: »Nurmahal, oder das Rosenfest in Kaschemir« gegeben wurde. Es kostete den meisten Leuten viele Mühe, Billette zu dieser Oper zu erlangen. Ich bekam eins geschenkt; aber ich ging doch nicht hin. Ich hätte es zwar tun sollen, um Ihnen darüber zu referieren. Aber glauben Sie, daß ich mich für meine Korrespondenz aufopfern soll? Mit Grausen denke ich noch an die »Olympia«, der ich kürzlich, aus einem besondern Grunde, nochmals beiwohnen mußte, und die mich mit fast zerschlagenen Gliedern entließ. Ich bin aber zum Kammermusikus gegangen, und fragte ihn, was an der Oper sei? Der antwortete: »Das Beste dran ist, daß kein Schuß drin vorkommt.« Doch kann ich mich hierin auf den Kammermusikus nicht verlassen; denn erstens komponiert er auch, und nach seiner Meinung besser als Spontini, und zweitens hat man ihm weisgemacht, daß letzterer eine Oper mit obligaten Kanonen schreiben wolle. Man spricht aber überhaupt nicht viel Gutes von der »Nurmahal«. Ein Meisterstück kann sie nicht sein. Spontini hat viele Musikstücke seiner ältern Oper hineingeflickt. Dadurch enthält diese Oper freilich sehr gute Stellen, aber das Ganze hat ein zusammengestoppeltes Ansehn, und entbehrt jene Konsequenz und Einheit, die das Hauptverdienst der übrigen Spontini'schen Opern ist. – Die hohen Neuvermählten wurden mit allgemeinem Aufjauchzen empfangen. Die Pracht, die in diesem Stücke eingewebt ist, soll unvergleichlich sein. Der Dekorationsmaler und der Theaterschneider haben sich selbst übertroffen. Der Theaterdichter hat die Verse gemacht, folglich müssen sie gut sein. Elefanten sind keine zum Vorschein gekommen. Die Staatszeitung vom 4. Juni rügt einen Artikel der »Magdeburger Zeitung«, worin stand, daß zwei Elefanten in der neuen Oper erscheinen sollten, und bemerkt mit shakespeareschem Witze: »Diese Elefanten sollen sich vorgeblich noch in Magdeburg verhalten«. Hat die »Magd. Zeitung« diese Notiz aus meinem zweiten Briefe geschöpft, so bedauere ich mit tiefem Seelenschmerz, daß ich Unglücklicher ihr diesen Witzblitz zugezogen. Ich widerrufe, und zwar mit so de- und wehmütiger Gebärde, daß die »Staatszeitung« Tränen der Rührung weinen soll. Überhaupt erkläre ich ein für allemal, daß ich bereit bin, alles zu widerrufen, was man von mir verlangt; nur darf es mir nicht viele Mühe kosten. Daß zwei Elefanten im »Rosenfeste« vorkommen würden, hatte ich wirklich selbst gehört. Nachher sagte man mir, es wären nur zwei Kamele, später hieß es, zwei Studenten kämen drin vor, und endlich sollten es Unschuldsengel sein. – Den 28. war Freiredoute. Schon um halb neun fuhren Masken nach dem Opernhause. – Ich habe im vorigen Briefe eine hiesige Redoute beschrieben. Sie unterschied sich diesmal nur dadurch, daß keine schwarze Dominos zugelassen wurden, daß alle

Anwesende in Schuhen waren, daß man sich um ein Uhr im Saale demaskieren konnte, und daß die Einlaßbillette und Erfrischungen gratis gegeben wurden. Letzteres war wohl die Hauptsache. Wenn ich nicht den festen Glauben in der Brust trüge, daß die Berliner Muster von Bildung und feinem Betragen sind, und mit Recht auf die Ungeschliffenheit meiner Landsleute verächtlich herabschauen; wenn ich mich nicht bei vielen Gelegenheiten überzeugt hätte, daß der poverste Berliner es im anständigen Hungerleiden sehr weit gebracht hat, und meisterhaft darauf eingeübt ist, den schreienden Magen in die Formen vornehmer Konvenienz einzuzwängen: so hätte ich von den Leuten hier sehr leicht eine ungünstige Meinung fassen können, als ich bei dieser Freiredoute sah, wie sie das Büffet sechs Mann hoch umdrängten, sich Glas nach Glas in den Schlund gossen, sich den Magen mit Kuchen anstopften, und das alles mit einer ungraziösen Gefräßigkeit und heroischen Beharrlichkeit, daß es einem ordentlichen Menschenkinde fast unmöglich war, jene Büffetphalanx zu durchbrechen, um bei der Schwüle, die im Saale herrschte, mit einem Glase Limonade die Zunge zu kühlen. Der König und der ganze Hof waren auf dieser Redoute. Der Anblick der Neuvermählten entzückte alle Anwesende. Sie glänzte mehr durch ihre Liebenswürdigkeit, als durch ihren reichen Diamantenschmuck. Unser König trug ein bläulich-dunkles Domino. Die Prinzen trugen meistens altspanische und ritterliche Tracht.

Ich habe längst bemerkt, daß über die Rangordnung, womit ich Ihnen die hiesigen Begebnisse melde, bloß meine Laune entscheidet, und nicht die Anciennität. Wollte ich letzterer folgen, so hätte ich meinen Brief mit Geheimrat Heim's Jubiläum anfangen müssen. Aus den Zeitungen werden Sie hinlänglich erfahren haben, wie man hier diesen verdienten Arzt gefeiert. Zwei ganze Tage sprach man davon in Berlin; das will viel sagen. Überall hörte man Anekdoten aus Heim's Leben erzählen, von denen einige höchst ergötzlich sind. Die drolligste derselben schien mir die Art, wie er seinen Kutscher mystifiziert, als ihm derselbe einstmals erklärte: er habe ihn jetzt so lange Zeit schon herumgefahren, er wünsche jetzt auch Arzt zu werden, und das Kurieren zu lernen. Mehrere andre Dienstjubiläen fanden ebenfalls statt, und bei Jagor sprangen die Stöpsel der Champagnerflaschen. Überhaupt, ehe man sich dessen versieht, haben die Leute hier 50 Jahre abgedient. Das tut das Klima. – Auch eine Dienstmagd hat ihr Jubiläum gehalten, und in der »Eleganten« ist zu lesen, wie die Jubelmagd gefeiert und besungen wurde. Sogar eine Matrone aus der Unschuldsgasse hat, wie ich gestern höre, ihr Jubiläum gefeiert. Sie wurde mit Rosen und Lilien bekränzt; ein gefühlvoller Porte-epéc-Jüngling überreichte ihr ein Kraftsonett, ganz im Geiste der gewöhnlichen Jubelpoesie, worin Liebe, Triebe, riebe, schiebe sich reimten, und zwölf Jungfrauen sangen:

»Du Schwert an meiner Linken,
Was soll dein heitres Blinken?« etc. etc.

Sie sehen, Theodor Körner's Gedichte werden noch immer gesungen. Freilich nicht in den Kreisen des guten Geschmacks, wo man es sich schon laut gestanden, daß es ein besonderes Glück war, daß Anno 1814 die Franzosen kein Deutsch verstanden, und nicht lesen konnten jene faden, schalen, flachen, poesielosen Verse, die uns gute

Deutsche so sehr enthusiasmierten. Aber diese Befreiungsverse werden noch oft deklamiert und gesungen in jenen gemütlichen Kränzchen, wo man sich des Winters wärmt an dem unschuldigen Strohfeuer, das in diesen patriotischen Liedern knistert; und wie der greise Schimmel des großen Friedrich's wieder jugendlich sich bäumte und das ganze Manöver machte, wenn er eine Trompete hörte, so steigt das Hochgefühl mancher Berlinerin, wenn sie ein Körner'sches Lied hört; sie legt die Hand graziöse auf den Busen, quietscht einen bodenlosen Wonneseufzer, erhebt sich mutig wie Johanna von Montfaucon, und spricht: »Ich bin eine deutsche Jungfrau.«

Ich merke, mein Lieber, Sie sehen mich etwas sauer an wegen des bittern, spottenden Tones, womit ich zuweilen von Dingen spreche, die andern Leuten teuer sind und teuer sein sollen. Ich kann aber nicht anders. Meine Seele glüht zu sehr für die wahre Freiheit, als daß mich nicht der Unmut ergreifen sollte, wenn ich unsere winzigen, breitschwatzenden Freiheitshelden in ihrer aschgrauen Armseligkeit betrachte; in meiner Seele lebt zu sehr Liebe für Deutschland und Verehrung deutscher Herrlichkeit, als daß ich einstimmen könnte in das unsinnige Gewäsche jener Pfenningsmenschen, die mit dem Deutschtume kokettieren; und zu mancher Zeit regt sich in mir fast krampfhaft das Gelüste, mit kühner Hand der alten Lüge den Heiligenschein vom Kopfe zu reißen, und den Löwen selbst an der Haut zu zerren, – weil ich einen Esel darunter vermute.

Vom Schauspiel will ich Ihnen auch diesmal wenig schreiben. Der Komiker Walter hat hier einigen Beifall gehabt; was mich betrifft, so kann ich seinen Humor nicht goutieren. Dagegen hat mich Lebrun aus Hamburg, der hier vor kurzem einige Gastrollen gab, wahrhaft entzückt. Er ist einer unserer besten deutschen Komiker, unübertrefflich in jovialen Rollen, und verdient ganz jenen Beifall, den ihm hier alle Kenner zollten. Karl August Lebrun ist ganz wie zum Schauspieler geboren, die Natur hat ihn mit allen Talenten, die zu diesem Stande gehören, in vollem Maße ausgerüstet, und die Kunst hat dieselben ausgebildet. Aber was soll ich von der Neumann sagen, die alle Berliner bezaubert, und sogar die Rezensenten? Was nicht alles ein schönes Gesicht tut! Es ist ein

Glück, daß ich kurzsichtig bin, sonst hätte diese Circe mich ebenso in ein graues Tierlein verwandelt, wie einen meiner Freunde. Dieser Unglückliche hat jetzt so lange Ohren, daß das eine in der Vossischen Zeitung, und das andre in der Haude- und Spener'schen zum Vorschein kommt. Einige Jünglinge hat diese Dame schon toll gemacht; einer derselben ist schon wasserscheu und macht keine Verse mehr. Jeder fühlt sich glücklich, wenn er der schönen Frau näher kommen kann. Ein Gymnasiast hat sich in dieselbe platonisch verliebt, und hat ihr eine kalligraphische Probe seiner Handschrift zugeschickt. Ihr Mann ist auch Schauspieler, und glänzte wie Glanzleinen in »Kabeljau und Hiebe«. Die gute Frau muß gewiß vom vielen Zuspruch ihrer Bewunderer belästigt werden. Man erzählt, ein kranker Mann, der neben ihr wohnt, habe keine Ruhe gehabt vor all' den Menschen, die jeden Augenblick sein Zimmer aufrissen und fragten: »Wohnt hier Madame Neumann?« und er habe endlich auf seine Türe schreiben lassen: »Hier wohnt Madame Neumann nicht.«

Man hat sogar die schöne Frau in Eisen gegossen, und verkauft kleine, eiserne Medaillen, worauf ihr Bildnis geprägt ist. Ich sage Ihnen, der Enthusiasmus für die Neumann grassiert hier wie eine Viehseuche. Während ich diese Zeilen schreibe, fühle ich selbst seine Einflüsse. Mir klingen noch die begeisterten Worte in die Ohren, womit gestern ein Graukopf von ihr sprach. Konnte doch Homer uns die Schönheit Helena's nicht stärker schildern, als indem er zeigt, wie Greise bei ihrem Anblick in Entzücken gerieten. Sehr viele Mediziner machen ebenfalls der schönen Frau den Hof, und man nennt sie hier scherzweise die »Medizinische Venus«. Aber was brauche ich so viel zu erzählen, Sie haben ja gewiß unsere Theaterkritiken genau gelesen und bemerkt, wie sich ordentlich ein Metrum darin bewegt, und zwar das der Sapphischen Ode an die Venus. Ja, sie ist eine Venus, oder, wie ein Altonaer Kaufmann sagte, eine Venussin. Nur der vermaledeite Setzer wirft zuweilen einen Wespenstachel in die Schale hymettischen Honigs, die der fromme Rezensent unserer Göttin opfert. Das nachhelfende Intelligenzblatt (der Titel dieses Blattes ist Ironie) berichtigt folgenden Druckfehler: In der Rezension über das Gastspiel der Mad. Neumann Nr. 63 der Spener'schen Zeitung vom

25. Mai muß Zeile 26 statt »von leicht bewegtem Minnespiel« »von leichtbewegtem Mienenspiel« gelesen werden. – Gestern spielte die schöne Frau in Clauren's neuem Lustspiele: »Der Bräutigam aus Mexiko«. In diesem Stücke gaukelt auf eine höchst anmutige Weise eine leichte, originelle, fast märchenhafte Heiterkeit, die jeden Freund froher Laune ansprechen muß. Dieses Stück hat auch vielen gefallen, so wie überhaupt alles, was aus der Feder dieses Schriftstellers kommt, hier erstaunlichen Beifall findet. Seine Schriften haben viele Gegner, aber sie erleben eine Auflage nach der andern.

Auf dem Alexanderplatze wird ein Volkstheater errichtet. Ein Mann, der Cerf heißt, hatte ein Privilegium dazu erlangt, ist aber davon abgetreten, und bekommt ein Abtrittsgeld von 3000 Taler jährlich. Der ehemalige Schauspieler Bethmann hat die Leitung übernommen. Wie ich höre, ist dem Prof. Gubitz die Direktion des poetischen Teils dieses Theaters angeboten worden. Es wäre zu wünschen, daß sich derselbe diesem Geschäfte unterzöge, da er die Bühne und ihre Ökonomie ganz genau kennt, zu gleicher Zeit berühmt ist als Theaterdichter, Kritiker und Meister der zeichnenden Künste, und in dieser Vielseitigkeit alles das verbindet, was zu einer solchen Direktion notwendig wäre. Aber man zweifelt, daß er sie annehmen wird, da die Redaktion des »Gesellschafters«, für den er ganz leibt und lebt, ihn zu sehr beschäftigt. Letzteres Blatt hat großen Absatz, ich glaube über 1500 Exemplare, wird hier mit erstaunlich großem Interesse gelesen, und kann wohl das gehaltreichste und beste in ganz Deutschland genannt werden. Gubitz redigiert es mit einem Eifer und einer Gewissenhaftigkeit, die oft an Ängstlichkeit grenzt. Nämlich in seiner Liebe für Korrektheit und Dezenz ist er fast zu streng. Doch denken Sie sich hier keinen Pedanten. Es ist ein Mann in seinen besten Jahren, unbefangen, lebensfreudig, enthusiastisch für alles Herrliche, und auch in seiner Persönlichkeit lebt jener heitre, anakreontische Geist, der in seinen Poesien so charakteristisch hervortritt. – Wir haben hier vor kurzem noch eine Wochenschrift bekommen, die, in der Volkssphäre sich bewegend, vom Lieutenant Leithold, der kürzlich seine Reise nach Brasilien herausgegeben, redigiert wird, »Kuriositäten und Raritäten« betitelt ist, und ein naives Motto führt. »Der Beobachter an der Spree« und »Der märkische Bote« sind hier die besten Volksblätter. Letzteres ist mehr für die gebildete Klasse. Ich fand mit Verwunderung, daß ein Teil meines zweiten Briefes aus dem Anzeiger darin nochmals abgedruckt war. Ich bin zwar empfindlich für diese Ehre und für das beigefügte Lob, aber ich wäre schier in groß Malheur dadurch gekommen, wenn nicht die hiesige galante Zensur das gestrichen hätte, was ich von den Berlinerinnen gesagt. Wenn diese Engel letzteres gelesen hätten, wären mir die Blumenkörbchen schockweise an den Kopf geflogen. Doch hätte ich mich auch in diesem Falle nicht nach der Hundebrücke verfügt; das schöne Fräulein Fortuna hat mir längst einen so großen eisernen Korb gegeben, daß ich ihn kaum füllen könnte mit den Körbchen aller Damen der Spreestadt. – Eine Schlange, und zwar eine höchst seltene, ist jetzt für acht Groschen zu sehen, No. 24 unter den Linden. Ich bemerke Ihnen bei dieser Gelegenheit, daß ich dort ausgezogen bin. – Blondin mit seiner Gesellschaft gibt vor dem Brandenburger Tore noch immer seine hübschen und vielbesuchten Vorstellungen in der edleren Reitkunst. Er läßt Kolumbus in Otaheiti landen. – Bosko hat endlich auch seine vorletzten, letzten und allerletzten Vorstellungen beendigt, und hat auch einige für die Armen gegeben. Man sagt, er ahmte Boucher nach; das ist aber nicht wahr, Boucher hat ihn, den Jongleur, nachgeahmt. Die Statuen von Bülow und Scharnhorst werden diese Tage an beiden Seiten der neuen Wache aufgestellt. Sie sind jetzt in Rauch's Atelier zu sehen. Ich habe sie dort schon früher in Augenschein genommen und fand sie schön. Blücher's Bildsäule von Rauch, die in Breslau aufgestellt werden soll, ist jetzt dahin abgegangen. – Die neue Börsenhalle habe ich gesehn. Sie ist herrlich eingerichtet. Eine Menge geräumiger, prächtig dekorierter Zimmer. Alles großartig angelegt. Man sagte mir, daß der edle, kunstsinnige Sohn des großen Mendelssohn, Joseph Mendelssohn, der Schöpfer dieses Instituts sei. Berlin hat lange ein solches entbehrt. Nicht allein Kaufleute, sondern auch Beamte, Gelehrte und Personen aus allen Ständen besuchen die Börsenhalle. – Besonders anziehend ist das Lesezimmer, worin ich über hundert deutsche und ausländische Journale vorfand. Auch unsern »Westf. Anzeiger« sah ich dort. Ein wissenschaftlich gebildeter Mann, Dr. Böhringer, führt die Aufsicht über dieses Zimmer, und weiß sich dem Besucher desselben durch zuvorkommende Artigkeit zu verpflichten. Josty besorgt die Restauration und die Konditorei. Die Aufwärter tragen alle braune Livréen mit goldnen Tressen, und der Portier imponiert besonders durch seinen großen Marschallstab. – Die Bauten unter den Linden, wodurch die Wilhelmstraße verlängert wird, haben raschen Fortgang. Es werden herrliche Säulengänge. Diese Tage wurde auch der Grundstein zu der neuen Brücke gelegt. – In der musikalischen Welt ist es sehr still. Es geht der *Capitale de la musique* wie jeder andern *Capitale;* man konsumiert in derselben, was in der Provinz produziert wird. Außer dem jungen Felix Mendelssohn, der, nach dem Urteile sämtlicher Musiker, ein musikalisches Wunder ist, und ein zweiter Mozart werden kann, wüßte ich unter den hierlebenden Autochthonen Berlin's kein einziges Musikgenie aufzufinden. Die meisten Musiker, die sich hier auszeichnen, sind aus der Provinz, oder gar Fremde. Es macht mir ein unaussprechliches Vergnügen, hier erwähnen zu müssen, daß unser Landsmann Joseph Klein, der jüngere Bruder des Komponisten, von dem ich in meinem vorigen Briefe sprach, zu den größten Erwartungen berechtigt. Dieser hat vieles komponiert, das von Kennern gelobt wird. Nächstens werden Liederkompositionen von ihm erscheinen, die hier großen Beifall finden und in vielen Gesellschaften gesungen werden. Es liegt eine überraschende Originalität in den Melodien derselben, sie sprechen jedes Gemüt an, und es ist vorauszusehen, daß dieser junge Künstler einst einer der berühmtesten deutschen Komponisten wird. – Spontini verläßt uns auf eine lange Zeit. Er reist nach Italien. Er hat seine »Olympia« nach Wien geschickt, die aber dort nicht aufgeführt wird, weil sie zu viele Kosten verursache. – Die italienische Buffos haben sich hier nur noch einige Tage aufgehalten. – Unter den Linden sind Wachsfiguren zu sehen. – Auf der Königstraße, Poststraßenecke, werden wilde Tiere und eine Minerva gezeigt. – Fonk's Prozeß ist hier ebenfalls ein Thema der öffentlichen Unterhaltung. Die sehr schön geschriebene Broschüre von

Kreuser hat hier zuerst die Aufmerksamkeit auf denselben geleitet. Hierauf kamen noch mehrere Broschüren her, die alle für Fonk sprachen. Hierunter zeichnete sich auch aus das Buch vom Freiherrn v. d. Leyen. Diese Bücher, nebst den in der »Abendzeitung« und im »Konversationsblatte« enthaltenen Aufsätzen über den Fonk'schen Prozeß und dem Werke des Angeklagten selbst, verbreiteten hier eine günstige Meinung für Fonk. Personen, die auch heimlich gegen Fonk sind, sprechen doch öffentlich für ihn, und zwar aus Mitleid gegen den Unglücklichen, der schon so viele Jahre gelitten. In einer Gesellschaft erwähnte ich die fürchterliche Lage seines schuldlosen Weibes und die Leiden ihrer rechtschaffenen, geachteten Familie, und wie ich erzählte: man sage, daß der Kölner Pöbel Fonk's arme, unmündige Kinder insultiert habe, wurde eine Dame ohnmächtig, und ein hübsches Mädchen fing bitterlich an zu weinen, und schluchzte: »Ich weiß, der König begnadigt ihn, wenn er auch verurteilt wird.« Ich bin ebenfalls überzeugt, daß unser gefühlvoller König sein schönstes und göttlichstes Recht ausüben wird, um so viele gute Menschen nicht elend zu machen;

ich wünsche dieses ebenso herzlich, wie die Berliner, obschon ich ihre Ansichten über den Prozeß selbst nicht teile. Über letztern habe ich erstaunlich viele Meinungen ins Blaue hineinräsonieren hören. Am gründlichsten sprechen darüber die Herren, die von der ganzen Sache gar nichts wissen. Mein Freund, der bucklichte Auskultator, meint: wenn er am Rhein wäre, so wollte er die Sache bald aufklären. Überhaupt, meint er, das dortige Gerichtsverfahren tauge nichts. »Wozu«, sprach er gestern, »diese Öffentlichkeit? Was geht es den Peter und den Christoph an, ob Fonk oder ein anderer den Cönen umgebracht. Man übergebe mir die Sache, ich zünde mir die Pfeife an, lese die Akten durch, referiere darüber, bei verschlossenen Türen urteilt darüber das Kollegium und schreitet zum Spruch, und spricht den Kerl frei oder verurteilt ihn, und es kräht kein Hahn darnach. Wozu diese Jury, diese Gevatter Schneider und Handschuhmacher? Ich glaube, ich, ein studierter Mann, der die Friesische Logik in Jena gehört, der alle seine juristische Kollegien wohl testiert hat und das Examen bestanden, besitze doch mehr Judizium als solche unwissenschaftliche

Menschen? Am Ende meint solch ein Mensch, wunders welch höchst wichtige Person er sei, weil so viel von seinem Ja und Nein abhängt! Und das Schlimmste ist noch dieser Code Napoleon, dieses schlechte Gesetzbuch, das nicht mal erlaubt, der Magd eine Maulschelle zu geben –« Doch ich will den weisen Auskultator nicht weiter sprechen lassen. Er repräsentiert eine Menge Menschen hier, die für Fonk sind, weil sie gegen das rheinische Gerichtsverfahren sind. Man mißgönnt dasselbe den Rheinländern, und möchte sie gerne erlösen von diesen »Fesseln der französischen Tyrannei«, wie einst der unvergeßliche Justus Gruner – Gott habe ihn selig – das französische Gesetz nannte. Möge das geliebte Rheinland noch lange diese Fesseln tragen, und noch mit ähnlichen Fesseln belastet werden! Möge am Rhein noch lange blühen jene echte Freiheitsliebe, die nicht auf Franzosenhaß und Nationalegoismus basiert ist, jene echte Kraft und Jugendlichkeit, die nicht aus der Branntweinflasche quillt, und jene echte Christusreligion, die nichts gemein hat mit verketzernder Glaubensbrunst oder frömmlender Proselytenmacherei.

Bei unserer Universität gibt's gar nichts Neues,

außer daß zweiunddreißig Studenten relegiert wurden wegen unerlaubter Verbindungen. Es ist eine fatale Sache, relegiert zu werden; sogar das bloße Konsiliiertwerden soll sein Unangenehmes haben. Ich glaube aber, daß jenes strenge Urteil gegen die Zweiunddreißig noch gemildert wird. Ich will durchaus nicht die Verbindungen auf Universitäten verteidigen; sie sind Reste jenes alten Korporationswesens, die ich ganz aus unserer Zeit vertilgt sehen möchte. Aber ich gestehe, daß jene Verbindungen notwendige Folgen sind von unserm akademischen Wesen, oder besser Unwesen, und daß sie wahrscheinlich nicht eher unterdrückt werden, bis das liebenswürdige und vielbeliebte oxfordische Stallfütterungssystem bei unsern Studenten eingeführt ist. Polnische Studierende sieht man jetzt hier höchstens ein halb Dutzend. Man hatte strenge Untersuchungen gegen sie verfügt. Die meisten sind, wie man sagt, ohne besondere Lust wiederzukommen, von hier abgereist, und ein großer Teil, ich glaube gegen zwanzig, werden noch in unsern Staatsgefängnissen verwahrt. Die meisten davon sind aus dem russischen Polen, und sollen sich mit demagogischen Umtrieben gegen ihre Regierung befaßt haben.

Man spricht davon, daß Ludwig Tieck bald hierherkommen und Vorlesungen über den Shakespeare halten werde. Am 31. des vorigen Monats war der Geburtstag des Fürsten Staatskanzlers. Man erwartet hier diese Tage eine hessische Gesandtschaft, die unsere Differenzen mit Hessen wegen der bekannten Territorialrechtsverletzung regulieren soll. Eine Kommission ist nach Pommern geschickt, um das dortige Sektenwesen zu untersuchen. Der Wollmarkt hat schon angefangen, und eine Menge Gutsbesitzer sind hier, die ihre Wolle zum Verkauf herbringen, und die man hier scherzweise »Woll(Wohl-)habende« nennt. Sogar die Straßen bekommen Ambition; die »letzte Straße« will jetzt Dorotheenstraße heißen. Man spricht davon, daß dem großen Fritz eine Statue auf dem Opernplatze errichtet werden soll. Der Tänzerfamilie Kobler ist auf der Chaussée bei Blumberg die Bagage verbrannt. Bei dem Bau der neuen Brücke bedient man sich einer Dampfmaschine.

Literarische Notizen gibt es hier in diesem Augenblick sehr wenige, obschon Berlin ihr Hauptmarktplatz ist. In Hinsicht der Gemüse schreite ich mit meiner Zeit vorwärts. Spargel esse ich jetzt keinen mehr und esse jetzt Schoten. Aber in der Literatur bin ich noch zurückgeblieben. Ja ich habe noch nicht mal die falschen »Wanderjahre« gelesen, die so viel Aufsehn gemacht und noch machen. Dieses Buch hat für Westfalen ein besonderes Interesse, da man jetzt allgemein ausspricht, daß unser Landsmann, Dr. Pustkuchen in Lemgo, ihr Verfasser sei. Ich weiß nicht, warum er dieses Buch desavouieren wollte, da es ihm doch gewiß keine Schande macht. Man hatte sich lange den Kopf zerbrochen, wer der Verfasser sei, und nannte allerlei Namen. Der Hofrat Schütz machte öffentlich bekannt, daß er es nicht sei. Den Legationsrat v. Varnhagen nannten einige Stimmen; aber dieser machte dasselbe bekannt. Von letzterm war es auch sehr unwahrscheinlich, da er zu den größten Verehrern Goethe's gehört, und Goethe sogar in seinem letzten Heft der Zeitschrift »Kunst und Altertum am Rhein« selbst erklärte: daß Varnhagen ihn tief begriffen und ihn oft über sich selbst belehrt habe. Wahrlich, nächst dem Gefühle, Goethe selbst zu sein, kenne ich kein schöneres Gefühl, als wenn einem Goethe, der Mann, der auf der Höhe des Zeitalters steht, ein solches Zeugnis gibt. – Außerdem spricht man von dem deutschen Gil-Blas, den Goethe vor vier Wochen herausgegeben. Dieses Buch ist von einem ehemaligen Bedienten geschrieben. Goethe hat es durchgefeilt und mit einer sehr merkwürdigen Vorrede begleitet. Auch hat dieser kräftige Greis, der Ali Pascha unserer Literatur, wieder einen Teil seiner Lebensgeschichte herausgegeben. Diese wird, sobald sie vollständig ist, eines der merkwürdigsten Werke bilden, gleichsam ein großes Zeitepos. Denn diese Selbstbiographie ist auch die Biographie der Zeit. Goethe schildert meistens letztere und wie sie auf ihn eingewirkt; statt daß andre Selbstbiographen, z. B. Rousseau, bloß ihre leidige Subjektivität im Auge hatten.

Ein Teil von Goethe's Biographie wird aber erst nach seinem Tode erscheinen, da er alle seine weimar'schen Verhältnisse, und besonders die, welche den Großherzog betreffen, darin bespricht. Dieser Nachtrag wird wohl das meiste Aufsehn erregen. Wir werden auch bald Memoiren von Byron erhalten, die aber, wie man sagt, ebenso wie seine Dramen, mehr Gemütschilderung als Handlung enthalten sollen. Die Vorrede zu seinen drei neuen Dramen enthält höchst merkwürdige Worte über unsere Zeit und den Revolutionsstoff, den sie in sich trägt. Man klagt noch sehr über die Gottlosigkeit seiner Gedichte, und der gekrönte Dichter Southey in London nennt Byron und seine Geistesverwandte »die satanische Schule«. Aber Childe-Harold schwingt gewaltig die vergiftete Geißel, womit er den armen Laureaten züchtigt. – Eine andere Selbstbiographie erregt hier viel Interesse. Es sind die »Memoiren von Jakob Casanova de Seingalt«, die Brockhaus in einer deutschen Übersetzung herausgibt. Das französische Original ist noch nicht gedruckt, und es schwebt noch ein Dunkel über die Schicksale des Manuskripts. An seiner Echtheit darf man gar nicht zweifeln. Das Fragment *sur Casanova* in den Werken des Prinzen *Charles de Ligne* ist ein glaubwürdiges Zeugnis, und dem Buche selbst sieht man gleich an, daß es nicht fabriziert ist. Meiner Geliebten möchte ich es nicht empfehlen, aber allen meinen Freunden. Italienische Sinnlichkeit haucht uns aus diesem Buche schwül entgegen. Der Held desselben ist ein lebenslustiger, kräftiger Venezianer, der mit allen Hunden gehetzt wird, alle Länder durchschwärmt, mit den ausgezeichnetsten Männern in nahe Berührung kommt, und in noch weit nähere Berührung mit den Frauen. Es ist keine Zeile in diesem Buche, die mit meinen Gefühlen übereinstimmte, aber auch keine Zeile, die ich nicht mit Vergnügen gelesen hätte. Der zweite Teil soll schon heraus sein, aber er ist hier noch nicht zu bekommen, da, wie ich höre, die Zensur bei dem Brockhaus'schen Verlag seit gestern wieder in Wirksamkeit getreten ist. – Hier sind in diesem Augenblick wenig gute belletristische Schriften erschienen. Fouqué hat einen neuen Roman herausgegeben, betitelt »Der Verfolgte«. In der poetisierenden Welt geht es hier wie in der musikalischen. An Dichtern fehlt es nicht, aber an guten Gedichten. Nächsten Herbst haben wir doch einiges Gute zu erwarten. Köchy (kein Berliner), der uns vor kurzem eine sehr gehaltreiche Schrift über die Bühne geliefert hat, wird nächstens einen Band Gedichte herausgeben, und aus den Proben, die mir davon zu Gesicht gekommen, bin ich zu den größten Erwartungen berechtigt. Es lebt in denselben ein reines Gefühl, eine ungewöhnliche Zartheit, eine tiefe Innigkeit, die durch keine Bitterkeit getrübt wird, mit einem Worte, echte Poesie. An wahrhaft dramatischen Talenten ist just jetzt kein

Überfluß, und ich erwarte viel von v. Uechtritz (kein Berliner), einem jungen Dichter, der mehrere Dramen geschrieben, die von Kennern erstaunlich gerühmt werden. Es wird nächstens eines derselben »Der heilige Chrysostomus« in Druck erscheinen, und ich glaube, daß es Aufsehn erregen wird. Ich habe Stellen daraus gehört, die des größten Meisters würdig sind. Über Hoffmann's »Meister Floh« versprach ich Ihnen in meinem vorigen mehreres zu schreiben. Die Untersuchung gegen den Verfasser hat aufgehört. Derselbe kränkelt noch immer. Jenen vielbesprochenen Roman habe ich endlich gelesen. Keine Zeile fand ich darin, die sich auf die demagogischen Umtriebe bezöge. Der Titel des Buches wollte mir anfangs sehr unanständig vorkommen; in Gesellschaft mußten, bei Erwähnung desselben meine Wangen jungfräulich erröten, und ich lispelte immer: Hoffmann's Roman, mit Respekt zu sagen. Aber in Knigge's »Umgang mit Menschen« (3. Teil, 9. Kap. über die Art mit Tieren umzugehn; das 10. Kap. handelt vom Umgang mit Schriftstellern) fand ich eine Stelle, die sich auf den Umgang mit Flöhen bezog, und woraus ich ersah, daß letztere nicht so unanständig sind wie »gewisse andre kleine Tiere«, die dieser tiefe Kenner der Menschen und Bestien selbst nicht nennt. Durch dieses humanistische Zitat ist Hoffmann geschützt. Ich berufe mich auf das Lied von Mephistopheles:

> Es war einmal ein König,
> Der hatt' einen großen Floh.

Der Held des Romans ist aber kein Floh, sondern ein Mensch, namens Peregrinus Tyß, der in einem träumerischen Zustande lebt, und durch Zufall mit dem Beherrscher der Flöhe zusammentrifft, und höchst ergötzliche Gespräche führt. Dieser, Meister Floh genannt, ist ein gar gescheiter Mann, etwas ängstlich, aber doch sehr kriegerisch, und trägt an den dürren Beinen große goldene Stiefel mit diamantenen Sporen, wie auf dem Umschlage des Buches zu sehen ist. Ihn verfolgt eine gewisse Dörtje Elverdink, die, wie man sagt, die Demagogie repräsentieren sollte. Eine schöne Figur ist der Student Georg Pepusch, der eigentlich die Distel Zeherith ist und einst in Famagusta blühte, und der in die Dörtje Elverdink verliebt ist, die aber eigentlich die Prinzessin Gamaheh, die Tochter des Königs

Sekakis, ist. Die Kontraste, die auf solche Weise der indische Mythos mit der Alltäglichkeit bildet, sind in diesem Buche nicht so pikant wie im »Goldnen Topf« und in andern Romanen Hoffmann's, worin derselbe naturphilosophische Theatercoup angewandt ist. Überhaupt ist die Gemütswelt, die Hoffmann so herrlich zu schildern versteht, in diesem Romane höchst nüchtern behandelt. Das erste Kapitel desselben ist göttlich, die übrigen sind unerquicklich. Das Buch hat keine Haltung, keinen großen Mittelpunkt, keinen innern Kitt. Wenn der Buchbinder die Blätter desselben willkürlich durcheinander geschossen hätte, würde man es sicher nicht bemerkt haben. Die große Allegorie, worin am Ende alles zusammenfließt, hat mich nicht befriedigt. Mögen andre sich daran ergötzt haben; ich glaube, daß ein Roman keine Allegorie sein soll. – Die Strenge und Bitterkeit, womit ich über diesen Roman spreche, rührt eben daher, weil ich Hoffmann's frühere Werke so sehr schätze und liebe. Sie gehören zu den merkwürdigsten, die unsere Zeit hervorgebracht. Alle tragen sie das Gepräge des Außerordentlichen. Jeden müssen die »Phantasiestücke« ergötzen. In den »Elixieren des Teufels« liegt das Furchtbarste und Entsetzlichste, das der Geist erdenken kann. Wie schwach ist dagegen »*The monk*« von Lewis, der dasselbe Thema behandelt. In Göttingen soll ein Student durch diesen Roman toll geworden sein. In den »Nachtstücken« ist das Gräßlichste und Grausenvollste überboten. Der Teufel kann so teuflisches Zeug nicht schreiben. Die kleinen Novellen, die meistens unter dem Titel »Serapionsbrüder« gesammelt sind, und wozu auch »Klein Zaches« zu rechnen ist, sind nicht so grell, zuweilen sogar lieblich und heiter. Der »Theaterdirektor« ist ein ziemlich mittelmäßiger Schelm. In dem »Elementargeist« ist Wasser das Element, und Geist ist gar keiner drin. Aber »Prinzessin Brambilla« ist eine gar köstliche Schöne, und wem diese durch ihre Wunderlichkeit nicht den Kopf schwindlicht macht, der hat gar keinen Kopf. Hoffmann ist ganz original. Die, welche ihn Nachahmer von Jean Paul nennen, verstehen weder den Einen noch den Andern. Beider Dichtungen haben einen entgegengesetzten Charakter. Ein Jean-Paul'scher Roman fängt höchst barock und burlesk an, und geht so fort, und plötzlich, ehe man sich dessen versieht, taucht hervor eine schöne, reine Gemütswelt, eine mondbeleuchtete, rötlich blühende Palmeninsel, die, mit all ihrer stillen, duftenden Herrlichkeit schnell wieder versinkt in die häßlichen, schneidend kreischenden Wogen eines exzentrischen Humors. Der Vorgrund von Hoffmann's Romanen ist gewöhnlich heiter, blühend, oft weichlich rührend, wunderlich geheimnisvolle Wesen tänzeln vorüber, fromme Gestalten schreiten auf und ab, launige Männlein grüßen freundlich und unerwartet, aus all diesem ergötzlichen Treiben grinst hervor eine häßlichverzerrte Alteweiberfratze, die, mit unheimlicher Hastigkeit ihre allerfatalsten Gesichter schneidet und verschwindet, und wieder freies Spiel läßt den verscheuchten muntern Figürchen, die wieder ihre drolligsten Sprünge machen, aber das in unsere Seele getretene katzenjammerhafte Gefühl nicht fortgaukeln können. – Über die Romane anderer hiesiger Schriftsteller will ich in meinen nächsten Briefen sprechen. Alle tragen denselben Charakter. Es ist der Charakter der deutschen Romane überhaupt. Dieser läßt sich am besten auffassen, wenn man sie vergleicht mit den Romanen anderer Nationen, z. B. der Franzosen, der Engländer usw. Da sieht man, wie die äußere Stellung der Schriftsteller den Romanen einer Nation einen eignen Charakter verleiht. Der englische Schriftsteller reiset, mit einer Lords- oder Apostelequipage, schon durch Honorar bereichert oder noch arm, gleichviel er reiset, stumm und verschlossen beobachtet er die Sitten, die Leidenschaften, das Treiben der Menschen, und in seinen Romanen spiegelt sich ab die wirkliche Welt und das wirkliche Leben, oft heiter (Goldsmith), oft finster (Smollet), aber immer wahr und treu (Fielding). Der französische Schriftsteller lebt beständig in der Gesellschaft, und zwar in der großen, mag er auch noch so dürftig und titellos sein. Fürsten und Fürstinnen kajolieren den Notenabschreiber Jean Jacques, und im Pariser Salon heißt der Minister Monsieur und die Herzogin Madame. Daher lebt in den Romanen der Franzosen jener leichte Gesellschaftston, jene Beweglichkeit und Feinheit und Urbanität, die man nur im Umgang mit Menschen erlangt, und daher jene Familienähnlichkeit der französischen Romane, deren Sprache immer dieselbe scheint, eben weil sie die gesellschaftliche ist. Aber der arme deutsche Schriftsteller, der, weil er meistens schlecht honoriert wird, oder selten Privatvermögen besitzt, kein Geld zum Reisen hat, der wenigstens spät reist, wenn er sich schon in eine Manier hineingeschrieben, der selten einen Stand oder einen Titel hat, der ihm die Gnadenpforten der vornehmen Gesellschaft, die bei uns nicht immer die feine ist, erschleußt, ja der nicht selten einen schwarzen Rock entbehrt, um die Gesellschaft der Mittelklasse zu frequentieren: der arme Deutsche verschließt sich in seiner einsamen Dachstube, faselt eine Welt zusammen, und in einer aus ihm selbst wunderlich hervorgegangenen Sprache schreibt er Romane, worin Gestalten und Dinge leben, die herrlich, göttlich, höchst poetisch sind, aber nirgends existieren. Diesen phantastischen Charakter tragen alle unsre Romane, die guten und die schlechten, von der frühesten Spieß-, Cramer- und Vulpius-Zeit bis Arnim, Fouqué, Horn, Hoffmann usw., und dieser Romancharakter hat viel eingewirkt auf den Volkscharakter, und wir Deutschen sind unter allen Nationen am meisten empfänglich für Mystik, geheime Gesellschaften, Naturphilosophie, Geisterkunde, Liebe, Unsinn und – Poesie!

Anhang

Anmerkungen

1 Heine, Heinrich: Heinrich Heine's Reisebilder – vollständig in einem Bande (darin: Reise von München nach Genua); Hendrik Altmann, Rotterdam 1873, S. 192

2 Wahrscheinlich mit Bezug auf diese Stelle veröffentlichte Heine im »Bemerker« Nr. 9 (Beilage zum 35. Blatte des Berliner »Gesellschafter«) vom 29. Mai 1822 folgende Erklärung: »Mit Bedauern habe ich erfahren, daß zwei Aufsätze von mir, überschrieben: ›Briefe aus Berlin‹ (in Nr. 6, 7, 16 usw. des zum ›Rheinisch Wests. Anzeiger‹ gehörigen ›Kunst- und Wissenschaftsblattes‹) auf eine Art ausgelegt worden, die dem Herrn Baron von Schilling verletzend erscheinen muß; da es nie meine Absicht war, ihn zu kränken, so erkläre ich hiermit, dass es mir herzlich leid ist, wenn ich zufälligerweise dazu Anlaß gegeben hätte; dass ich alles dahin Gehörige zurücknehme, und dass es bloß der Zufall war, wodurch jetzt einige Worte auf den Herrn Baron von Schilling bezogen werden konnten, die ihn nie hätten treffen können, wenn eine Stelle in jenem Briefe gedruckt worden wäre, die aus Delikatesse unterdrückt werden mußte. Dieses kann der geehrte Redakteur jener Zeitschrift bezeugen, und ich fühle mich verpflichtet, durch dieses freimütige Bekenntnis der Wahrheit allen Stoff zu Missverständnis und öffentlichem Federkriege fortzuräumen. Berlin, den 3. Mai 1822. Heinrich Heine.«

3 Ein Teil dieses Briefes ist bei dem späteren Abdruck im zweiten Bande der »Reisebilder«, 1. Aufl., vom 1. März 1822 datiert.

4 Beim späteren Abdruck in der ersten Auflage des zweiten Bandes der »Reisebilder« ist dieser Brief vom 8. Mai 1822 datiert.

Editorische Notiz

Dem vorliegenden Buch liegt folgende Ausgabe zugrunde: Heine, Heinrich: Heinrich Heine's sämtliche Werke – rechtmäßige Original-Ausgabe. Vermischte Schriften; 1, Band 13, Hoffmann und Campe, Hamburg 1862.

Orthographie und Interpunktion wurden behutsam modernisiert, wobei der originale Lautstand und grammatische Eigenheiten gewahrt blieben. Eindeutige Druck- und Satzfehler wurden korrigiert.

Impressum

Die Deutsche Nationalbibliothek verzeichnet
diese Publikation in der Deutschen Nationalbibliografie –
detaillierte bibliografische Daten sind im Internet abrufbar
unter http://dnb.d-nb.de

1. Auflage 2018

Berliner Allee 38 | 13088 Berlin | Tel. (030) 41 93 50 08
info@steffen-verlag.de | www.steffen-verlag.de

Herstellung Steffen Media | Friedland – Berlin – Usedom
www.steffen-media.de

ISBN 978-3-941683-87-7